财务管理的理论

与方法研究

朱 微 ◎ 著

中国原子能出版社
China Atomic Energy Press

图书在版编目（CIP）数据

财务管理的理论与方法研究 / 朱微著 . -- 北京：
中国原子能出版社 , 2022.12

ISBN 978-7-5221-2405-6

Ⅰ . ①财… Ⅱ . ①朱… Ⅲ . ①企业管理—财务管理—
研究 Ⅳ . ① F275

中国版本图书馆 CIP 数据核字 (2022) 第 228867 号

财务管理的理论与方法研究

出版发行	中国原子能出版社（北京市海淀区阜成路 43 号 100048）	
责任编辑	潘玉玲	
责任印制	赵　明	
印　　刷	北京天恒嘉业印刷有限公司	
经　　销	全国新华书店	
开　　本	787mm×1092mm　1/16	
印　　张	10.25	
字　　数	210 千字	
版　　次	2022 年 12 月第 1 版　　2022 年 12 月第 1 次印刷	
书　　号	ISBN 978-7-5221-2405-6	**定　价　76.00 元**

前　言

　　近年来，许多学者对财务管理理论进行了研究并取得了许多突破，特别是在当前市场经济条件下，财务管理的理论研究内容更加丰富。在市场经济条件下的财务管理方法实现了多样化。但是从财务管理的实务来看，许多财务理论脱离了实务，对于财务实务难以起到指导作用。本书通过对财务管理理论的成果、财务管理实践中发现的问题进行分析，以理论成果为指导方法，探讨解决、改进财务管理实务的实践方法。由于财务管理理论研究的深入，获得了多方面的创新成果，依据财务理论，财务管理的效果得以提升。随着社会经济的转型发展，将会产生新的财务问题，因此需要不断完善财务管理的核心理论，使财务管理可以更好地适应经济的发展。

　　当前，财务管理的主要原则是以历史成本为主的会计计量模式，而当期会计核算的主要依据是当期各项业务活动形成的价值流转。也就是说，财务活动反馈的直接对象是资金运动带来的资产、负债、所有者权益变动，并通过收入、利润、成本、费用等变动形成企业的经营成果。由此可见，财务管理最主要的对象是企业各项业务，如资金筹措、材料采购、生产组织、产品销售的全过程，并且把劳动、资本、技术等相关要素通过企业的生产经营最终由财务管理进行统筹，由此可见，财务管理是一项其他管理无法替代的全局性、全过程的管理活动。

　　企业管理的目标是创造价值，或者称为企业价值最大化。而财务管理的主要目标正是企业价值最大化，即通过财务管理使企业尽量减少投入而创造最大的收益。只有企业通过业务的正常经营实现盈利，才能为企业的所有者创造价值。通过绩效评价，一旦发现问题，及时纠正错误，确保企业的各阶段目标可以顺利实现，并对财务管理的执行情况进行定期监控、均衡掌控，要求企业内部各个部门充分配合，从而实现财务管理工作的规范化、科学化。因此，企业的财务管理目标和企业管理目标是一致的，并且企业战略也直接影响着企业财务战略的设计与实施。

　　本书是一本学术专著图书，主要介绍了财务管理的基本知识，主要内容包括财务管理的基本理论、基本组成，大数据背景下的财务管理，财务投资管理，财务融资管理，筹资管理，收入、利润与股利以及财务管理的具体应用等。本书是作者长期从事财务管理教学和实践的结晶。本书在内容选取上既兼顾到知识的系统性，又考虑到可接受性。本书旨在向读者介绍财务管理的基本概念、原理和应用，使读者能系统地理解财务管理基础知识，熟练地掌握财务管理基本应用。本书兼具理论与实际应用价值，可供相关教育工作者参考和借鉴。

本书编写过程中参考借鉴了一些专家学者的研究成果和资料，在此表示感谢！由于编写时间仓促，编写水平有限，不足之处在所难免，恳请专家和广大读者提出宝贵意见，予以批评指正，以便改进。

目录

第一章 财务管理的基本理论

第一节 财务管理中的问题

在市场经济飞速发展的背景下，各个行业的竞争愈加激烈，企业要想在激烈的市场竞争中占据一席之地，必须要加强财务管理，获得市场竞争力的提升。财务管理是企业各项管理工作的前提与基础，不仅能为企业的经营管理提供有效帮助，还能促进企业经济效益的切实提升，实现企业的持续稳健发展。本节针对财务管理中的问题展开分析，并试探性地提出几点对策，以便相关人士借鉴和参考。

随着社会信息化的发展，国家在税收和贷款等方面颁布了一系列的扶持及优惠政策，为企业的发展提供了良好的契机，但也使企业面临着一定的危机。若现代企业不能科学合理地规划财务，内部财务管理混乱无序，盲目追求高风险、高利润投资，不仅会出现现金流短缺、成本增加等现象，还无法实现经营目标，甚至影响企业的生存。目前，如何做好财务管理工作，已经成为现代企业的重要研究课题。

一、财务管理中存在问题的分析

财务管理中存在的问题主要表现为以下三个方面。

（一）管理观念老旧

财务管理涉及很多关键性概念，如货币的边际成本、时间价值、机会成本、风险投资等，然而企业管理层不能准确地理解这些概念，管理观念老旧且僵化，无法明确价值最大化的意义，造成财务管理工作的不合理。

（二）财务内部控制管理不到位

有些企业的内部监督机制与财务管理机构配置不完善，引起财务管理漏洞；还有如内审部门和财务部门缺乏独立性，两个部门需服从企业高管的调度，在其领导下开展业务活动，造成独立性不强，无法有效监督财务审计，一旦高管利益与企业利益出现冲突，则无法约束和监督高管的权力，不能很好地保障企业利益。

（三）筹资缺乏计划性

一部分企业筹集资金时过于匆忙或随意，没有认真计算外部资金的需求量，致使筹集资金的数量与实际需求不相符，造成资金使用效率降低。同时我国银行的贷款手续相对烦琐，需要花费较长的处理时间，有些小微企业利用银行获取的贷款额度低或无法获得银行贷款。一些企业缺乏长短期融资计划和资金规划，对自身的偿债能力与资金需求没有进行综合考量，只是一味地进行大量贷款，选择周期短、利率高的贷款，继而加大了还款压力，极易因资金链断裂而破产。

二、财务管理问题的解决对策

（一）积极转变管理观念

由于财务管理理念是对财务管理问题进行思考的着力点，企业在全新的理财环境中若不能转变理念，则无法增强自身的市场竞争力，不利于自身的长远发展。所以企业管理者应该与时俱进，改变传统落后的财务管理思维，树立新型的管理理念，采用新颖的管理手段，适当拓宽市场信息渠道，及时分析收集的信息，努力跟上社会和时代的更新速度，优化调整企业发展方向。另外，企业管理者应引导职工树立财务管理意识，注重系统与制度的有机结合，建立健全财务管理制度，加大信息化建设力度，确保决策的合理性与科学性，以免因主观意识影响而造成不必要的损失。

（二）加强财务内部控制管理

对于财务管理活动而言，其具有较强的综合性，涵盖企业的各环节，这就需要加强财务的内部管控和风险防范，具体包括：① 确保财务机构的独立性。财务机构要以规定的权限和职责为依据，做好财务管理工作，积极监督内部财务，不受内部违规和外界干预，确保财务管理的有序性和规范性。② 对财务管理流程和高管权限加以规范，明确各环节的责任，将高管的职能作用加以充分发挥，有效约束高管权力，以免其权力过大而危害企业发展；或者是以企业的实际情况和规模为依据来科学设计高管权力，确保高管权力既有约束和监督又有保障，使其权力的应用与企业的发展目标和长期利益相一致。③ 明确内审机构的独立审计权限，注重内部审计监督作用的发挥，适当扩大内审的范围，在内审监督范围内纳入企业运行全过程，从而优化内部控制环境，及时查找财务管理漏洞，降低财务风险，实现企业的长足发展。

（三）完善筹资管理

要想完善筹资管理，企业需要事先合理预测资金需求量，科学制订长短期融资计划与资金规划，对自身的偿债能力进行有效分析，尽可能地少使用周期短、利率高的借款，确保资本结构的合理性；或者是以自身实际的资本结构、资金情况、法律限制、发展周期为依据，对股利分配政策进行科学选择。同时企业应该强化内部筹资的管理，对信用风险进行综合考量，合理推迟应付账款和占用预收账款的付款时间，达到周期延长的目的，并加强分析账龄，对应收款项予以及时催收，避免应收账款因长期未收回而变为坏账。

（四）提高财务管理人员的综合素质

作为财务管理工作的承担者和执行者，财务管理人员的职业素养对工作开展效果有直接影响，所以提高财务管理人员的综合素质显得尤为关键。为此，企业应该鼓励财务人员定期参与专业培训活动，实现实际操作能力、文化理论知识、专业技能的提高；注重人员的思想道德建设，使其认真遵守职业道德规范，形成正确的价值取向，做到勤业、敬业、精业、乐业。当然，企业也要对持证上岗制度加以合理制定，严格考核培训人员，只有合格者方可胜任工作。

综上所述，财务管理工作是一项系统而复杂的工作，在企业生存与发展过程中发挥着极为重要的作用，然而在实际工作中还存在这样或那样的问题，如管理观念老旧、财务内部控制管理不到位、筹资缺乏计划性等，严重地影响了企业其他工作的有序开展。针对这种情况，企业必须要立足实际，积极转变管理观念，加强财务内部控制管理，完善筹资管理，提高财务管理人员的综合素质，以便提高自身的经济效益和市场竞争力，实现自身的稳健发展。

第二节　财务管理的目标和优化措施

优化财务管理，有利于提高财务管理水平，保证企业的经济效益。本节首先总结了财务管理的目标，分析了当前财务管理中的常见问题，并提出了积极有效的解决办法，希望对财务管理的优化有一定的借鉴作用。

一、财务管理的目标

明确财务管理的目标有利于激发员工的工作热情，提高企业员工的责任感，从而为提高企业的管理水平奠定基础。财务管理的目标主要包括三个方面的内容，具体如下。

（1）有利于提高员工在财务管理工作中的主动性，促进更好地完成财务管理目标。建立财务管理的目标也是一种激励机制，激励机制的建立可以更好地调动财务管理员工的工作积极性，有利于保持员工的工作热情和责任感，通过激励的方式促进员工更好地完成财务管理的目标，促进企业经济效益不断提升。

（2）有利于建立约束机制，完善企业责任制。约束机制的建立十分必要，这一机制的建立有利于完善企业经济责任制，更好地约束企业人员的经济行为。这一机制不仅适用于财务管理人员，还适用于所有涉及经济行为的企业工作人员，这对于保证一个企业健康发展和运行意义重大。

（3）有利于建立监督机制，保证企业的经济效益。明确财务管理内部控制的作用，建立内部的监督制度，完善内部审计制度，切实做好财务监督工作，有利于企业监督机制的完善，对于优化财务管理环境、加强内部控制及企业经济效益提高有着重要作用。

二、财务管理的优化措施

良好的财务管理有利于降低企业的运营成本并提高企业的经济效益。针对当前部分企业存在的问题，笔者提出了以下优化措施。

（1）重视企业资金管理，加大资金管理力度。资金管理是财务管理最为核心的内容，因此需要引起企业的高度重视。未经企业的授权，企业的各个部门以及子公司不能擅自展开融资业务，也不能用企业的财产或者信贷来抵押、担保等进行变相的融资。企业应当成立专门的管理委员会来负责对资金管理进行审批，同时分配各个业务部门的资金额度，审议各种资金的使用方案。财务部门是企业自有资金的管理部门，主要的工作内容如下：制定企业自有资金管理方面的制度和措施，负责企业自有资金的筹集以及计划，审批企业内部自有资金账户的设置、变更以及注销，对企业的资金管理进行指导以及监督，同时要制作企业的资金报表，收集、整理并且分析企业自有资金的相关政策法规信息，从而为企业的资金管理提供建议。除此之外，财务管理部门还需要负责企业员工的费用报销以及借款的资金划付，同时规划建设企业资金管理的管理网络，从而构建一体化的企业资金管理体系。

（2）转变财务管理理念，完善财务管理制度。企业应当转变财务管理理念，这是加强财务管理工作的前提条件。企业的财务管理人员要转变观念，主动参与企业运营决策的整个过程，为企业的各种决策提供服务。财务管理部门要充分发挥财务分析职能，挖掘财会信息的潜力，从而帮助企业的管理人员在生产经营以及技术创新等活动中进行成本、风险、效益以及筹资等多角度的策划，提高企业决策的科学性。另外，企业要建立预算控制制度，同时编制财务计划，进而充分发挥出预算计划对财务管理的控制和协调作用，尽可能地克服企业在财务管理中的盲目性。企业管理人员应当将财务分析和会计报表作为财务管理的重要手段，通过使用财务分析来做好各项活动的事前控制，进一步根据资产损益表和负债表来确定企业的发展规划，同时发现企业生产运营管理中存在的问题。

（3）加大财务管理人员培养力度，稳定财务管理人员。企业要重视财务管理人员的培养工作，首先在人才选拔阶段就要十分严谨，必须具备一定的财务素质，必须有资质证书，通过层层选拔，最后决定人员任免。其次，要加大在职人员的培训力度，必须定期组织脱产培训，从财务管理人员的短板入手，组织有针对性的培训，从而更好地提高财务管理人员的工作水平。最后，建议注重信息化财务人员的培养和吸纳，在信息化时代，财务管理工作一定要跟上时代的发展步伐，才能在新时代发展中立于不败之地。

综上所述，财务管理工作对于一个企业的发展意义重大，从资金管理到制度完善，再到财务管理人员培养都需要落到实处，认真对待，不能流于形式。同时，财务管理工作要想顺利开展，还需要其他部门的支持与配合，财务管理工作只有在大家的支持和配合下，才能取得新的进展、新的成绩。

第三节　财务管理的作用和观念创新

由于我国传统财会制度的缺陷，造成我国大多数企业存在对财务管理的地位和作用不明确等主要问题。企业的经营环境发生了很大变化，特别是处于企业管理中心的财务管理则需要迅速适应周围环境的变化，这样才能为企业的决策提供及时、有效的帮助。企业要找出自己在财务管理中存在的问题，选择适合自己的方法。财务管理是组织企业财务活动、协调企业和各方面财务关系的一项经济管理工作，对于改善企业经营管理，提高企业经济效益具有十分重要的作用。随着企业所处的社会环境、经济环境等外部环境的变化，企业的财务管理目标也应随之变动。明确财务管理目标是做好财务管理工作的前提和基础，不同类型的市场环境需要不同的财务管理思路和方法。企业的财务管理思路和方法只有与市场机制的发展变化相适应，结合企业改革不断调整完善，才能使企业在市场竞争中始终立于不败之地。

财务管理是指在一定的整体目标下，关于资产的购置、融资和管理。财务管理与经济价值或财富的保值增值有关，是有关创造财富的决策。企业理财是一种开放性、动态性和综合性的管理，是围绕资金运动而展开的。财务管理是有关资金的获得和使用的管理工作。从具体意义上讲，财务管理是指资金的筹措、运用、管理以及有收支事项的处理。例如，企业从创立开始就需要考虑资金的筹措。在进行生产和销售活动时，从资金调配、供需状况、年度决算、盈余分配、亏损拨补，在企业结束时，如何清偿债务，将剩余财产分配给股东，均属于财务管理的范畴。

一、财务管理的作用

（1）计划作用。财务预测是在认真研究分析有关历史资料、经济技术条件的情况下，对未来的财务指标做出估计和判断，制订财务计划的过程。通过预测和分析，找到增收的渠道和节支的途径。财务预测的内容主要包括销售预测、资金预测、成本预测和利润预测四个方面。企业的财务计划要以货币形式综合反映计划期内进行生产经营活动所需要的各项资金、预计的收入和经济效益，也就是说，财务计划是预测资金的来源和提出资金使用的要求。

（2）控制作用。财务控制是保证企业财务活动符合既定目标，取得最佳经济效益的一种方法。财务控制的内容主要有以下几点：① 加强财务管理的各项基础工作。加强财务管理的各项基础工作是做好财务控制工作的前提，财务管理基础工作的主要内容是：健全原始记录，加强定额管理，严格计量验收，定期盘存财产物资以及制定企业内部结算价格制度等。② 组织财务计划的实施。编制财务计划只是财务管理的起点，最终要组织计划的执行和落实，以达到不断改进工作、提高效率、降低成本、节约支出的目的。在组织计划的执行过程中，通过对各项财务指标完成情况的分析来评价各项管理工作的质量，为决策提供依据。③ 平衡财务收支。平衡财务收支也是财务控制的主要内容。其任务是及时根据实际情况，积极调度、合理组织资金，以保证生产的合理需要。平衡财务收支的方法是增加产量、增加收入以平衡支出，降低消耗、节约开支以平衡收入。此外，还可按规定程序向社会融资或向银行贷款。

（3）监督作用。财务监督主要是利用货币形式对企业的生产经营活动所实行的监督，具体来说，就是对资金的筹集、使用、耗费、回收和分配等活动进行监督。例如，通过资金周转指标的分析，能够反映企业物资的占用和使用情况，对这些生产经营资金的形成和使用实行严格的监督，从而促进企业加强生产技术管理，改进物资供应工作；通过产品成本有关指标的分析，能够反映生产中物化劳动和活劳动的耗费，推动企业合理地使用人力、物力和财力，节约消耗，降低成本；通过利润指标的分析，能够反映企业的财务成果和经营管理水平，对利润的形成和分配实行严格的监督，从而促进企业挖掘潜力、改善管理、节约开支、增加收入。

（4）资本运营。财务管理是企业管理的中心，资本运营是企业管理的最高境界。资本运营不仅是运营产品，还有运营资本。资本运营是现代财务管理的一项重要工作。它不采用财务会计中记账、算账、报账的方法，也不采用管理会计中预测利润的量本利法，而是采用管理会计中投资决策的理论和方法，采用财务管理中投资组合选择原理、资本结构理论等重要方法，将投资、融资和盘活存量资产作为主要内容。

二、财务管理的观念创新

观念创新是财务管理创新的重要前提。培养财务管理的创新能力最重要的是观念创新，笔者认为作为财务管理人员要适应市场经济体制下财务管理的新要求，必须树立以下五个观念。

（一）以人为本的理财观念

（1）增强人力资源方面的投资，提高企业各级领导和员工的素质，分层管理和全员财务管理，实行民主参与式的财务管理。

（2）推行财务分级，提高员工对财务管理的参与度和认识度。

（3）加强对以智力为基础的资源的投资力度，为培养企业文化和良好的人际关系创造优良的环境。

（4）要通过建立责、权、利相结合的运行机制形成对人的激励与约束，把人的潜能最大限度地发挥出来，使企业的财务管理成为充分调动人的积极性、主动性和创造性的有效手段。

（二）竞争与合作相统一的理财观念

竞争与合作相统一是新经济时代所要求的企业发展的基本战略策略。一方面，随着高新技术的发展，信息的传播、处理和反馈的速度越来越快，这就必然使市场竞争更加激烈，谁在信息和科技知识共享上抢先一步，谁就能掌握主动权，就会获得竞争的优势和超额利润；另一方面，信息的数字化、网络化，科学技术的综合化和全球经济的一体化，必然要求各行业、各企业之间互相沟通与合作，使各方面的经济利益达到和谐统一。市场的多变性与竞争的残酷性，对一个企业来说，没有永远不变的竞争对手，永远不变的是追求最大经济效益驱动力。因此，作为企业经营和竞争能力重要因素的财务管理，必须紧紧围绕企业发展战略，围绕利润最大化目标，迅速提高反应灵敏、科学合理、调整完善的财务决策和管理能力。

（三）信息化理财观念

在现代化市场经济中，企业的一切经济活动都必须以快、准、全的信息为导向，信息在市场经济活动中的重要性已成为不争的共识。一条准确而有价值的信息能使一个企业获得突飞猛进的发展，同样，在不实、错误信息下的决策而造成企业一蹶不振已经不再是新闻。要以信息化带动工业化，发挥自身优势，实现社会生产力的跨越式发展，以数字化为先导，以信息高速公路为主要内容的新技术革命，以信息流与企业的资金流、实物流相结合后，经济活动的空间变小，距离变短。这就决定了财务管理人员必须牢固树立信息理财观念，运用现代化技术手段进行财务管理和分析、财务决策和资金运筹。

（四）知识化理财观念

由知识经济所带来的"联合经济"效应，已经远远越过了工业经济时代的"规模经济"效应、"范围经济"效应。这对财务管理理念提出了新的挑战。知识经济时代，知识成为最重要的生产要素和主要的经济增长源泉。与此相适应，未来的财务管理将更是一种知识化管理，其知识含量将成为财务管理是否创新的关键性因素。

（五）法制化的理财观念

为实现经济体制转轨，必须完善与之相适应的经济法律、法规体系。近年来，我国相继颁布了《中华人民共和国公司法》《中华人民共和国会计法》《中华人民共和国全民所有制工业企业法》《中华人民共和国企业破产法》等一系列有关法律以及《全民所有制工业企业转换经营机制条例》《国有企业财产监督管理条例》《企业财务通则》等一系列有关行政法规。这些法律、法规的颁布对我国企业的资产运作规范化和财务管理的规范化提供了法律依据。

财务管理是商品经济迅速发展的产物，并随着商品经济的发展而发展。在经济全球化背景下，随着我国市场经济体制的建立，特别是我国加入WTO（世界贸易组织）后，财务管理在各个方面都有一定程度的发展，与传统的财务管理有了很大的不同。加入WTO将导致我国经济结构的变化。我国原有一些受保护的部门和资本及技术密集型部门在经济全球化过程中受到了较大的冲击，一些资产素质较差的企业加速倒闭，一些企业为了强化和重塑其竞争优势而进行内部重构，或者采取并购、重组等资本运营方式实施外部扩张。公司内部重构时的资产剥离，公司间并购时的资本运作，企业破产时的重整和清算等都成为财务管理的重要课题。

综上所述，财务管理在企业经营中具有非常重要的作用，它贯穿于企业经营的整个环节，因此有必要实行全面预算管理控制企业成本，加强资金管理，合理利用资金建立财务监督制度，发挥财务管理的重要作用，促进企业财务业务一体化以提高企业的经济效益。总之，现代企业管理者认为，记账和平账只能算企业财务人员的基本功，如果能够通过财务专业帮助业务人员做分析，从而提高管理人员的决策水平，财务人员才能真正为整体创造价值。因此，财务人员不能只懂得财务，更要懂得经营。财务人员懂得经营后，就能得心应手地做出更加准确的判断，不但能为产品定价，而且拥有缜密的数据分析能力，才能探询到对方的底价，为企业决策把关、算账，这是企业成功的根本保证。

第四节　财务管理中的财务分析

财务分析以企业财务报告中反映的信息为基础，分析企业的实际运作情况，分析企业运营中存在的问题以及企业未来的发展趋势。财务分析在财务管理中发挥着重要作用，可以通过财务分析优化财务管理和业务运营。本节首先分析了财务分析与财务管理的关系，然后阐述了企业财务分析中存在的问题，并提出了相关的整改建议和改进措施，为财务分析的实施提供了参考，对相关领域的研究人员和同行业的工作人员具有重要的参考意义。

随着中国社会市场经济的快速发展，各类企业都面临着一些机遇和挑战。财务是一个企业发展中非常重要的环节，如何将财务管理中的财务分析按照科学的步骤进行，在企业顺利运维的同时最大化地增加企业收益，减少风险，成为财务管理的重中之重。

一、财务分析与财务管理的关系

在企业中，财务管理被视为一种经济管理工作，可以科学合理地分配企业资产和资本。将财务报告中反映的财务指标作为主要依据，财务分析可以与各种分析模型和分析工具相结合，对已经发生与将要发生的业务活动和投资项目进行研究，分析其运作能力、企业的各种活动的盈利能力和还款能力。财务分析也属于管理活动。财务分析可以为业务经理或投资者提供准确、客观的数据信息，使关心公司的人能够清楚地了解公司过去的运营情况，并为公司领导者规划未来发展提供依据。因此，进一步完善企业财务分析，强化财务管理理念，创新财务分析方法，对提高财务管理水平具有一定的作用。

二、财务分析的问题

（1）不科学地使用财务分析指标。目前，很多企业在财务分析方面都存在问题，主要是不科学地使用财务分析指标。

（2）财务分析缺乏业务发展的服务能力。实施财务分析的主要目的是通过财务分析帮助企业了解财务风险和制定战略规划与决策。但是，中国的许多公司都没能有效地使用财务分析。这个问题与企业领导者对财务分析缺乏关注直接相关。此外，由于许多财务分析报告更加关注企业过去的业务情况，对当前财务预算和决策分析以及财务资源配置的关注程度相对较弱，这使得财务分析报告对业务发展的支持不足。

（3）财务分析结果与实际操作不符。财务分析的主要目的是找出企业生产经营过程中存在的问题，为决策提供相应的依据。但是，许多现有财务人员提供的财务分析对公司内部的运营管理没有指导意义和可操作性，也没有对业务运营和运营管理进行合理的、有针对性的分析。

三、财务分析的应用研究

（1）加强商业模式和营销策略的创新。为了提高财务报表的客观性，公司财务和会计人员还必须在编制财务报表时进行各种数据分类，以完成比较数据的统一纳入。通过采取这些措施可以避免分析财务报表过程中的过多错误，从而提高数据的可比性，同时提高报告分析的准确性。对于财务管理人员，在分析财务报表的过程中，有必要加强对报表的客观分析，避免将个人因素混入工作中。通过提高报告分析的客观性，可以帮助管理者加深对各种财务信息的理解，为企业债权人和投资者提供更准确的报告信息，为投资提供科学依据。

（2）提高财务报表的分析水平，加强财务分析报表的应用。要解决企业财务报表中数据不全面和信息不清晰的问题，在财务分析过程中选择定期的财务分析指标。添加非财务指标以解决公司资产和负债以及损益表等信息不完善问题。在财务分析过程中，还需要提供企业的公允价值和企业未来信息，增加人力资源评估报告作为注释，加强企业资产并购和债务担保的分析。财务数据和票据作为业务运营、管理和财务分析数据，为用户提供准确的财务分析信息，以确保公司所有决策都是科学合理的。目前，可以使用更多的财务报表分析方法。在分析过程中，不仅需要对主报告进行分析，还需要对报告中的说明信息进行分析。在通过财务报表分析公司的经济发展时，有必要使用整体数据来完成对每个部分信息的分析。

（3）加强财务分析体系对风险的分析和防范能力。风险由两部分组成，即出错的可能性和出现问题的负面后果。然而，风险很难发现，更不用说准备和管理了。并且，如果遇到了没有计划的后果，那么成本、时间和声誉都会受到损失。这使得风险分析成为规避风险的重要工具，它可以帮助识别决策中可能面临的风险。它可以帮助管理这些风险，并最大限度地减少它们对计划的影响。风险分析是一个帮助识别和管理可能破坏关键业务计划或项目的潜在问题的过程。要进行风险分析，必须首先确定可能面临的威胁，然后估计这些威胁实现的可能性。风险分析可能很复杂，因为需要利用详细信息，如项目计划、财务数据、安全协议、营销预测和其他相关信息。但是，它是一个必不可少的规划工具，可以节省时间、金钱，挽救企业的声誉。如果选择接受风险，可以通过多种方式减少风险。商业实验是降低风险的有效方法。它们涉及推广高风险活动，但规模小，并且受控制。可以使用实验来观察问题发生的位置，并在大规模引入活动之前找到预防风险的方法。预防措施旨在防止高风险情况发生。它包括健康和安全培训、企业服务器上的防火墙保护以及团队交叉培训。侦探行动涉及识别出现问题的过程中的疑点，然后采取措施及时解决问题。侦探行动包括仔细检查财务报告，在产品发布之前进行安全测试，或安装传感器以检测产品缺陷。计划—执行—检查—行动是一种控制风险情况影响的方法。与商业实验一样，它涉及测试降低风险的可能方法。该工具的四个阶段将指导完成对情况的分析，创建和测试解决方案，检查其工作情况以及实施解决方案。

风险分析是一种经过验证的方法，可用于识别和评估可能对业务或项目成功产生负面影响的因素。可以通过识别威胁并估计实现这些威胁的可能性来进行风险分析。一旦确定了所面临的风险，就可以开始寻找有效管理风险的方法。这可能包括选择避免风险、分享风险或接受风险，同时减少风险。

综上所述，财务分析是财务管理的重要组成部分，与企业的健康发展有着重要的关系。企业相关管理者需要不断关注财务分析，强化财务分析管理机制，发现企业所处的财务状态。在财务分析的管理和运作过程中存在不足，应充分发挥财务分析在财务管理中的作用，避免财务风险，提高企业的核心竞争力。

第二章　财务管理的基本组成

第一节　精细化财务管理

随着社会经济的快速发展与进步，经济全球化的发展趋势变得更加显著，使得各个行业之间的竞争水平也出现了较大的改变，交流变得更为畅通。但同时，也使得我国各个行业之间的竞争压力变得空前之大，并出现了各种各样的问题。针对这些问题，我国从政府层面不断制定改革措施，从企业层面不断深化改革，从而为企业的快速和可持续发展提供强有力的保障措施。本节从精细化管理的角度，重点阐述了提高企业精细化财务管理的具体对策，旨在促进企业的可持续发展。

一、企业精细化财务管理的基本内涵

所谓企业精细化财务管理，主要指的是将企业财务管理工作细分，以促使企业财务管理水平显著提升，财务管理工作效率和质量显著提升，从而最终为提高企业经济效益水平服务。一般来说，企业采用精细化财务管理工作，不仅是将财务管理的相关内容和数据进行细分，还是为了提高企业的资金使用效率。通过开展精细化财务管理工作，不仅能够很好地促使企业财务管理水平显著提高，还能够促使企业良性发展和运营。该模式是目前很多企业首选的一个财务管理模式。

二、企业精细化财务管理中存在的问题

虽然目前很多企业均意识到了精细化财务管理对自身发展的重要价值，但是依然存在很多方面的问题。那么，具体包括哪些方面的问题呢？

（一）精细化财务管理意识十分淡薄

在企业发展过程中，若要实现精细化财务管理，就应该强化企业自身的财务管理意识，强化企业内部的协作与沟通，从而有效地提高财务管理水平。然而，在实际过程中，企业的财务管理意识十分淡薄，并未构建一整套完善的财务管理制度与体系，且财务管理体系的构建仅仅是一种表面化的工作，并未将其落到实处。

（二）精细化财务管理相关资料及数据真实度较差

企业在开展财务管理过程中，财务预算是一个十分重要的环节和内容，若不能有效地开展财务预算管理工作，或者财务预算信息不合理、不规范、不真实，就很难提高财务管理水平，也就很难达到理想的管理效果。当前时期下，有相当一部分企业仍然使用传统的人工预算方法，使得预算结果的真实性受到了非常大的影响，所得的数据也不够真实和科学，难以为企业管理层的决策提供有效的依据。

（三）未构建完善和健全的财务预算管理体系

企业若要更好、更高效地开展财务预算管理工作，离不开合理有效的监督机制，因为它是财务预算管理体制不断优化和走向发展的一个必然路径。当前时期下，某些企业经费在使用方面存在随意性强和规范性弱等方面的缺陷及问题。究其根源，主要是由于某些企业过于追求社会效益，而对经济效益完全忽略。此外，很多企业内部并未设置专业化的财务预算监督机构，并未构建一整套完整的财务预算监管体系。

（四）财务管理监督机制严重匮乏

当前时期下，我国很大一部分企业管理中的财务核算监督职能不能达到显著的作用，很多企业财务管理工作受到很多方面的影响。很大一部分企业财务核算监督机构不能正常地发挥应有效果的原因主要包括如下两个方面：① 企业不能对自身的财务管理进行规范化的管理，从而使其自身的职能水平欠缺；② 企业所设置的财务机构中的工作人员的素质水平普遍较低，职业道德素养也不高，更甚者，其在财务管理监督意识方面也十分淡薄。

（五）财务管理在企业各项管理中的平衡地位被完全打破

当前时期下，有一定数量的企业管理者对财务管理存在较大的误区，很多管理者只是简单地认为财务工作就是记账、算账，重视的只是如何处理财务报表、应对银行等相关部门的各项财务业务等方面的工作，根本没有从本质上深入地了解以及掌握企业内部资源的优化配置。那么，财务管理真正的内涵以及具体的职能也就无法充分地发挥出来，企业财务管理方面的工作也受到了极大的影响。

企业在现今快速发展的时代正面临着各种各样的挑战，同时企业自身也存在着诸多的问题，因而对于企业的发展来说，需要精细化的财务管理，在财务管理的不断提升中，使得企业逐步稳定发展，能够可持续地发展与长存。

三、企业精细化财务管理的特色

对于企业财务管理的缺失，应该将思路加以明确，不单单是将管理工作进行得更为细致与精确，还需要有相应的思路和方向，使得管理质量得以提高，企业运营效果与利润得以提升。企业要从多方面着手，既要认真执行，也要重视效率，进而实现精细化财务管理的目标。

（一）制度精细化

财务管理制度的精细化，能够建立健全财务制度体系。制度精细化指的是财务的具体实施更具规范性，进而达到精细化的管理。企业需要凭借自身的实际情况对财务部内部控制的制度加以严格修正，将各个条款逐一细致化，使得其在制度建设中保有相应的原则。加强制定与完善各类财务管理制度，细化各类财务管理制度，通过细致且有效的制度监督和管理方式防止制度执行力不高与制度模糊化等问题的产生。

（二）流程精细化

财务管理流程的精细化，能够进一步整理和完善管理流程，流程精细化对于财务最终的工作效率和内部控制的实施有着重要作用。企业需要加强细化财务预算，将各个系统能够依据预算执行的费用项目整体纳入预算管理之中，并且分散于各处且具体落实于人，达到整体过程能够进行有效率的财务管理及优质的提前控制。依据相应的内部控制以及高效率工作的准则，进一步规范财务管理流程，逐步细化各项业务层面的具体操作规则，使得财务人员可以将重心全部转移到财务数据分析上，财务流程精细化能够进一步有序进行。

（三）质量精细化

财务管理质量的精细化，能够对企业加以监督并进行决策上的支持。加强贯彻与执行国家及企业的财政政策与法规，全面、认真地将企业的财务状况加以反馈，注重细节，将信息加以精确地完善，增强信息的可利用价值，强化对资金的监管与控制，保证资金的安全，将财务核算模式加以转变，将财务的事后核算转变成事前预算、事中控制以及事后监督一体化的财务管理方式，在组织上确保预算体系得以如常进行。

（四）服务精细化

财务管理服务的精细化，能够加强沟通以及使得合作具有动态化。财务人员需要具备财务服务精细化的理念，在一定时间内进入基层部门了解实际情况，努力做好资产管理方面的工作，加强与各个部门间的沟通和协商，将信息的反馈速度加以提升，成为良好的互动关系，运用相关的信息，进而使得各类活动有凭据可依靠。

四、企业精细化财务管理的实施方法

（一）企业内部实施成本预算管理

成本预算管理是将企业年度资产经营考核目标利润作为具体的依据，将企业年度预测的各项数据作为已知变量，计算出企业年度总的预算收入，进而推算出企业年度总的需要控制的费用。优质的成本预算管理应该将成本预算先具体地落实，将实际成本费用的核算时间划分为月度、季度与年度三种，同时结合相对应的企业财务会计报表，进而将其作为成本费用控制的依据。同时，还需要将其和各个部门的成本预算加以对比，准确地寻找到管理的缺失，并用具体的方案加以解决。

（二）精细化管理认真落实

将促进经济效益的提高作为主要目标，使精细化管理加以落实。第一，在安全性的管理上，实行安全生产责任制，制定具体的安全管理方案和准则，做到各项条款更为精细及确定，将安全责任加以着重划分，确保责任目标得以具体落实。第二，对于企业的管理制度来说，应充分地发挥综合管理的作用，逐步改善企业中的预算管理、资产管理以及精细化管理制度，强化日常的管理与监督等方面进行制度的设立。第三，在企业资产经营方面，实施目标责任制，所有的工作人员都形成良好的成本管理意识，将企业经营的总体目标细化于各个部门。第四，将成本预算与薪酬考核结合起来，同时将精细化管理目标达到的效果作为薪酬考核的内容之一。第五，对于企业预算资金的运用，需要以月度计划的方式进行控制，以月对于资金的使用计划加以划分，使得企业资金在可控的范围之中。第六，对企业成本管理设立细致的标准，对企业成本管理的目标以及责任加以细化。第七，逐步改善企业内部的审计制度，实施严谨且规范化的管理，将企业的经营风险降低。第八，建立健全有效的企业实物资产管理制度及措施，进一步深化精细化财务管理的内容。

综上所述，精细化财务管理具备其独有的特色，对于企业的发展存在着重大的价值；同时，需要遵守精细化财务管理的实施方法，并且加以具体应用及推广，进而使得企业的管理水平得以提高，企业自身也能够蓬勃发展、蒸蒸日上。

第二节　财务管理中的内部控制管理

内部控制管理能直接影响财务管理，所以当代公司都非常重视内部控制管理。一个好的内部控制管理方法能对公司的运营起到积极作用，不但能减少公司运行成本，还可降低生产成本，既能保障公司资产安全，又能有效地为公司降低财务管理风险，为公司管理层提供可行的财务数据，有利于更好地发挥内部控制管理的作用。

一、内部控制管理对财务管理的作用

市场经济的发展需要公司完善内部控制管理工作，预防公司在经营过程中出现危机。公司内部控制管理措施的执行力与财务管理工作是息息相关的，直接影响了公司经营的经济效益。虽然现在不少公司领导层都开始重视内部控制管理，但还是有少数公司领导并不那么重视内部控制管理，对财务管理工作也没有起到监督作用。其实，内部控制管理对财务管理有着非常重要的作用。

（一）有利于保护公司资产

内部控制管理能有效地保护公司的资产安全，使公司健康发展，因为内部控制管理人员需将公司的全部财产进行核查与控制，并清楚公司的每一笔流动资金，才能确保财产安全，避免公司出现挪用公款的情况。公司财务管理部门根据公司现状拟定相关管理制度，并对物资处理有详细规定，这样能提升公司财务管理方面的专业水平。同时，也能有效地防止贪污现象，公司在正常运营的同时也提高了外部竞争力的积极作用。

（二）提高财务信息的真实性

内部控制管理能提高公司财务信息的真实性与可靠性，完善公司内部控制管理制度对财务管理有着重要影响。要拟定详细的财务信息处理方法与控制方案，如将财务信息资料进行审核复查，经过内部控制管理完成公司财务信息的校对，以及时发现财务管理中的问题，从而及时改正，有利于降低资产损失。财务信息越真实，越有利于公司财务管理的发展。

（三）提高公司经济效益

完善内部控制管理是提高公司经济效益的有效方法，加强内部控制管理并发挥内部控制管理在经营管理中的作用，能够提高公司财务管理水平。建立完善的公司内部控制制度，能充分利用内部控制管理制度的资金调节作用，使资金使用合理性得以提升，并有利于加强公司的自我约束力。

早在 2008 年我国开始实行内部控制基本规范，其成为我国企业内部规范管理体系中的重要内容。各大企业都需要不断完善自身内部控制管理体系，这样才能更好地促进企业的发展。现阶段，我国大多数企业的内部控制体系已经得到全面发展，广泛覆盖在各个生产经营阶段，并且涉及中小型企业的所有层面。企业内部控制的主要内容在于控制环境、识别和评估风险、控制企业决策以及经济活动、沟通与反馈信息、评价和监督。企业在发展期间建立内部控制制度的必要性主要是体现在国家层面和企业层面上。国家对于内部控制实行了相关规定，企业发展期间也需要为部控制制度的规范，企业不断完善自身内部控制，可以在较大程度上加强企业的效益和工作效率，能够有效地避免企业在经营期间出现管理风险和舞弊行为等。企业管理人员根据实际发展情况全面建设企业内部环境，在此基础之上建设控制规范和约束机制，进一步加强企业内部控制的实效性。

二、内部控制在财务管理中的作用

财务管理内部控制主要是系统整合企业各个财务活动与生产经营活动，并且通过财务方式将企业的各个部门有效地联系起来，这样有助于企业管理人员进行科学的经营决策，有效监督和约束企业各个层次的财务活动。实行内部控制机制可以在较大程度上加强企业的经营管理效率，实现最大化的资产收益。企业内部控制的科学性和实效性可以帮助企业做好财务预判，降低运营风险。此外，内部控制机制也能够帮助企业控制和管理企业资金，全面发挥资金的价值，为提升企业的经济效益提供良好的经济基础，进一步加强企业的市场竞争力。

（一）内部控制是控制机制的重要组成部分

在企业控制机制中，内部控制机制属于重要组成部分，主要表现在以下两个方面：第一，结构控制体系。该体系是在"二权分立"基础上发展的，能够全面展现出代理与委托之间的关系，利用合法措施确保企业可以顺利开展企业内部控制，这样可以确保投资者的效益。第二，管理控制体系。该体系存在较多的形式，主要包括定期换岗制度、员工道德素质培训、预算控制以及内部监督制度等，这将在较大程度上影响代理人的责任的成功性。

（二）内部控制保障资金安全

建立企业内部控制能够全面保障企业的财产安全。其一，内部控制可以加强控制企业的流动资金，全面保障流动资金的安全运行。部分企业在发展期间存在较大的货物流动性，并且会涉及较多的环节，这就需要不断地规范内部控制，避免出现安全问题。其二，企业内部控制能够保护固定资产和长期资产，按照企业的实际发展状况调整资产，并且传输安全的资产信息，这样使企业在外部投资期间可以正确认识自身情况。

（三）内部控制降低企业经营风险

企业建立内部控制，有助于企业领导层面获取企业发展的最新信息，之后按照信息做出正确的决策，全面降低企业的经营风险，促进企业实现发展目标，建立企业文化。内部控制制度能够为企业管理人员提供最新的财务信息和经营信息，之后按照企业的实际发展方向做出判断，以此适应市场的发展规律，这样可以降低外部环境对企业的影响程度。

（四）内部控制是企业发展的必然要求

随着不断发展的市场经济，企业需要全面进行改革创新，为了适应企业的发展，需要借助内部控制制度的作用。这样不仅可以改善企业的外部环境，还可以改进微观机制。在实行内部控制制度时，不仅需要全面学习企业内部控制理论和发展经验，还需要正确认知企业进步、企业发展以及企业管理之间的关系。

（五）提升企业财政管理水平，适应财政改革的发展

长期以来，我国不断践行财税体制的深化改革，提升财政管理水平。现阶段出现了较多的关于财政改革的政策措施和管理制度，全面落实了财政改革与管理，但是这也相应带来了较多弊端。部分财政政策在建立实施过程中缺乏充足的时间，导致较多的政策没有经过论证就开始践行，往往会造成较多的问题，并且在一定程度上呈现碎片化的业务流程以及相关管理措施，严重的会造成财政政策与实际工作情况出现脱节或者自相矛盾的情况，降低财政管理部门的工作效率。所以，在进行财政管理内部控制建设工作时，要细化各项工作流程，优化业务管理，这样才能从根本上提升财政管理的工作效率和工作质量，进一步实现现代化的财政管理制度。

三、财务管理过程中内部控制管理的措施

内部控制管理是公司财务管理中的核心所在，在这个竞争压力如此大的市场环境中，公司若没有一个好的内部控制管理制度，公司内部竞争力也会不断下降，会对外部竞争直接造成影响，所以，公司必须加强内部控制管理，提升公司的财务管理水平。

（一）建立完善的财务管理内部控制制度

公司在财务管理内部控制方面应注意以下几点：① 在财务管理过程中应将互相制约的制度进行融合，完善以防范为主的监督制度。② 设置事后监督制度，在会计部门的会计核算部分对各个部门展开不定时检查，并进行评价，再依照相关制度展开不同的奖惩，并把最后结果反馈给财务部负责人。③ 以目前有的审计部门作为基础，建立一个完全独立的审计委员会，审计委员会可通过举报、监督等方式对会计部门进行监督。

（二）提高公司财务人员的职业素质，完善内部控制管理

公司领导者应带领工作人员严格依照内部控制管理制度执行，还要加强对会计人员专业知识的培训，提升其专业水平，并对会计人员进行职业道德教育，以增强会计人员的自我约束能力，严格按照公司的规章制度行事，提升工作能力，降低错误发生率，做好内部控制管理工作。

（三）加强内部审计监督

内部审计监督是公司财务管理控制的重要组成部分，有着不可动摇的地位，是内部监督的主要方式，尤其是在当代公司管理中，内部审计人员将面临新的职责。公司应建立完善的审计机构，充分发挥审计人员的作用，为公司内部控制管理营造一个良好的环境。

（四）加强社会舆论的监督

现在，我国有些公司财务部门在管控制度方面还不够完善，相关管理人员的业务能力与职业素养还须进一步提高，仅仅依靠会计人员的自觉性是不够的。所以，政府应大力推进会计从业发展，积极发挥社会监督的作用，从而促进企业内部控制管理制度的发展与完善，使市场经济秩序稳定发展。

（五）重视内部控制管理流程

资金管理是公司财务管理中最重要的内容，财务管理人员需对资金使用情况进行严格审批管理，使资金管理更具有合法性。例如固定资产管理，财务部门可派专门人员对其进行单独的管理。在对某一项目资产进行管理时，公司应对其预算有严格的审批，只有标准的额定费用使用机制，公司资金才能发挥最大的作用，才能保障周转速度一切正常。

综上所述，公司财务管理中内部控制管理非常重要，这种重要性不仅体现在经营方面，在公司资金应用方面也是一样的。在优胜劣汰的市场竞争环境中，公司必须加强内部控制管理制度，以保证公司的资金安全，从而有效地降低财务管理风险。

第三节　PPP 项目的财务管理

随着经济的快速发展，社会公共基础设施的建设也在不断加强，而 PPP 模式的应用能够有效地促进基础设施建设，同时又能带动社会资本的发展，这种政府与企业合作共赢的模式因此而得到了广泛的应用。不过目前由于应用时间不长，在应用过程中常会出现一些问题，只有通过分析目前所存在的问题，并不断进行完善，才能促进 PPP 模式带动社会有效发展。

一、PPP 模式的定义

PPP 模式即 public private partnership 的字母缩写，是指政府与私人组织之间为了合作建设城市基础设施项目，或是为了提供某种公共物品和服务，以特许权协议为基础，彼此之间形成一种伙伴式的合作关系，并通过签署合同来明确双方的权利和义务，以确保合作的顺利完成，最终使合作各方达到比预期单独行动更有利的结果。

二、PPP 项目的特点

PPP 项目是由政府与社会资本之间合作开展，但是两者的目的有着区别。社会资本的主要目的是通过项目来获取利益，而政府的主要目的是完成基础设施建设、带动社会发展。目的的不同会对项目的实施过程造成一定的影响，而通过签订合理的合同可对社会资本、政府相关行为进行约束，进而使项目开展的过程正常化。社会资本在保证利益最大化的情况下不能对项目公益性造成影响，同时政府在保证公益性的情况下不能对社会资本的利益造成损害，这是一种共同保护双方利益的特点。双方由于社会角色的不同，掌握的资源也不同，社会资本主要掌握着经营管理资源及先进技术资源等，而政府则掌握着行政方面的资源。因此资源共享才能够促进项目建设的效率和质量的提高，这是一种资源共享的特点。在 PPP 项目计划和启动阶段，均是以政府部门为主导进行相关研究和分析，社会资本也可参与前期研究分析，在项目实施后两者共同管理，在共同管理中社会资本需与政府多个部门交流合作，这使得两者的合作关系更为复杂。

三、PPP 项目中的财务管理问题

（一）资金管理问题

现在我国的 PPP 管理模式中项目资金的管理力度较弱，主要存在会计核算不准确的问题，还有一些账本存在模糊的问题，项目资金经常不能拨付到位，这样就使得资金使用效率低下。

（二）财务预算过程中执行不到位

预算管理是公司进行财务管理时的主要内容，在预算管理时工作职能得以实现，可以对项目资金进行科学管理和使用。在 PPP 财务管理中经常出现财务管理缺失的问题，还有的公司在使用传统预算管理，对新预算法没有彻底执行。同时也会出现一些执行新预算法的单位，相关制度却没有落实，预算管理口径不统一，在项目建设中存在较多需要落实的地方，因此建设进程中需要准确的预算管理。

（三）财务内部控制缺失的问题

PPP 项目在管理过程中会出现制度不完善和公司控制不到位的问题，这些是保证项目获得收益的障碍。还有一些内部控制缺失，无法对项目进行有效的控制，这就使得项目成本管理没有起到应有的作用。项目公司在管理中方式较为粗放，内部控制制度没有受到足够的重视，这是较为普遍的问题。企业对内部管理的认识不足，单纯片面地认为内部控制是为了对企业的生产建设成本进行压缩。这些问题都在制约内部控制工作的进行。

（四）融资投资管理问题

在 PPP 模式下，政府投入的资金相对较少，很多资金都是依靠社会进行融资。在融资过程中社会资金的费用相对较高，支出较大，但是我国暂时还没有形成良好的担保体系，融资管理体系不健全。PPP 项目都是一些较大的项目，涉及范围较广，这样便造成社会资本断链或者资金收回不理想的风险。

（五）风险管理问题

有很多地方政府存在盲目建设的问题，社会资本追求短期利益。这时便出现一些不适合进行 PPP 的项目也在使用这样的方法，在前期没有进行完整的风险预测，在整个过程中也没有进行风险控制，在后期出现严重亏损，这样便会导致出现资金紧张和违约风险提高的问题。

四、PPP 模式下的财务管理策略

（一）建立完善的风险识别和控制体系

PPP 项目在建设过程中存在多主体的问题，在经营一段时间之后发现投资收回速度太慢，假如是想快速地收取回报则不应该使用这种方式。在使用这种方式时，一定要加强风险共担思想。政府和投资公司要承担一定的政治风险和管理风险以及收入较低的风险。建设单位一定要承担起运行移交风险。同时两者还要共同承担起自然灾害和市场经济等这些不可抵抗风险。在整个 PPP 项目中各个参与方是风险共同体，所以在合作时一定要时刻关注自己的风险，一定要以风险较低的方式进行，也可以建立起风险共同承担的机制，使用各种创新方法以及加强协作实现风险化解。

（二）努力加强预算管理和资金控制

在项目投资之前一定要进行相关分析，要建立起完善的预算管理制度，这样能保证投资决策时资料可靠。同时要依据资金和人员以及材料设备等各个因素对项目进行全面筹划。使用先进的投资财务管理模式进行科学的投资回报计算，这样可以增强资金管理控制和制定合理的投资比例。

（三）加强成本控制

PPP 项目一般建设的时间较长，回报率也低，建好之后相关的运行维护成本也较高。因此在进行项目管理时要对成本进行科学规划和控制，最重要的是对总成本和经营过程中的成本进行估算，制定出合理的单位成本折旧年限、总生产费用、销售费用等。使用各种途径对项目的运行成本进行控制，同时依照营业额与收入进行投入和回报比的计算，这样可以确定合理的投资回收期。

（四）加强财务分析，完善定价制度

参与的各个单位一定要不断调整好财务管理上的目标差异，逐渐统一管理目标，这样才可以实现资源的价值最大化和效益最高化。资产定价制度也要逐渐完善，对财务分析也要加强，还可以实行定价机制的监管，与社会物价的有关指标进行对比，使用市场手段不断进行调节。这样才可以从根本上保护好建设项目的效益与社会资本的收益。

现在很多部门都在使用 PPP 模式。政府与民间资本合作，通过政府监管可以使企业的财务制度不断完善，在提高项目财务管理效率的同时让企业的决策更加科学。在这种模式下，政府也对相关的民间资本进行一定的支持。这样才可以促进企业与政府合作的加强，为经济的发展提供充足动力。

第四节　跨境电商的财务管理

伴随着互联网技术的飞速发展和经济发展的深度全球化，我国的跨境电商产业迅速崛起，截至 2016 年年底，中国跨境电商产业规模已经超过 6 万亿元，年均复合增长率超过 30%。跨境电商产业在传统外贸整体不景气的经济环境下依然强势增长，本节在此背景下阐述了财务管理对于跨境电商运营的重要意义，并分析了跨境电商在财务管理中的问题，如会计核算工作缺乏规范性、缺乏成熟的跨境电商财务 ERP 系统（enterprise resource planning，企业资源计划），以及跨境电商的税务问题等，针对跨境电商财务管理面临的问题提出相应的财务管理提升方案，从而促进跨境电商企业财务管理的不断完善。

一、财务管理对于跨境电商运营的重要意义

随着跨境电商爆发式发展，跨境电商的财务管理也越来越受关注，由于跨境电商行业的特殊性，其财务管理与传统的财务管理实践相比较，存在较大的差异，对跨境电商环境下的企业财务管理人员提出了新的要求。现行大部分的跨境电商都是小企业，对于财务管理人员的配备与资金支持都比较有限，因此跨境电商的财务管理实践还有待提升。财务管理是跨境电商运营的关键事项，重视跨境电商的财务管理实践，针对跨境电商环境下财务管理工作面临的具体问题进行分析，并制定相应的有效的解决措施，逐步优化提升跨境电商的财务管理工作，对于促进整个跨境电商行业的发展具有重要意义。

二、跨境电商在财务管理中的问题

（一）会计核算工作缺乏规范性

会计核算是财务管理最基础的环节，只有会计核算能保证其准确性与及时性，后续的财务分析与财务管理各环节才能有效且有意义地进行。目前跨境电商会计核算主要存在以下问题：一方面是账务处理不够规范。部分跨境电商企业没有建立严格的财务制度，或者有财务制度但是没有遵照执行，存在使用的原始单据不合要求或者缺少原始票据作为支持文件的现象，如报销手续未经过完整的审核流程，或者用不符合规定的临时票据充当原始凭证等。另一方面是部分跨境电商企业的财务报表体系过于简单化，缺少报表附注、财务情况说明等。由于跨境电商行业的特殊性，传统的财务报表体系难以准确且完整地反映跨境电商企业的财务状况以及经营状况，很多非财务指标虽然不列入传统的财务报表披露体系，但往往更能反映企业的潜在实力，如转化率、客户平均停留时间、网页点击率等。因此，跨境电商企业应根据自身的行业特点，在传统财务报表体系的基础上增加反映跨境电商真实经营状况的各项财务管理信息数据。

跨境电商企业财务管理人才的缺乏也是造成跨境电商企业会计核算工作不规范的重要因素。跨境电商行业作为近年来迅速发展起来的新兴产业，其财务管理与一般传统行业相比具有特殊性，为满足跨境电商财务管理需求，财务人员不仅要有扎实的财务管理知识及实践经验，还需要掌握现代信息网络技术知识、了解国际会计准则与各国税务、熟悉相关法律法规等。但是目前这样的复合型人才比较缺乏，这必然会阻碍跨境电商企业在财务管理方面的完善与提升。

（二）缺乏成熟的跨境电商财务 ERP 系统

由于跨境电商是从近几年才迅速发展起来的行业，因此市场上还没有比较成熟的针对跨境电商企业服务的财务 ERP 系统。一般行业的财务 ERP 系统难以满足跨境电商企业的特殊化及个性化需求，如跨境电商企业的多账号经营管理、成本多样性、物流方式的分配

组合等事项，都存在不稳定因素，导致难以准确地通过普通的 ERP 系统去核算每个单品的成本利润，需要 ERP 相关行业的人员在现有的系统基础上去建立和完善针对跨境电商企业的功能个性化的财务 ERP 系统。

（三）跨境电商的税务问题

跨境电商行业的贸易方式具有国际化、无纸化等特点，其交易主体、地点和时间比较隐蔽且容易更改，这使得在现行的税收制度下，对跨境电商行业的税收监管和征收存在一定的困难。对于出口跨境电商而言，出口退税则更加困难。根据我国税法的规定，一般纳税人在符合税法规定的退税条件时可以申报出口退税，小规模纳税人自营和委托出口货物，免征增值税和消费税。但是很多跨境电商企业是中小企业甚至是个人商户，采购商品时直接使用现金，没有发票，不满足税法规定的出口退税条件。相关调查显示，93% 的跨境电商没有办理外贸经营权备案登记，也没有结汇水单，甚至没有发票。因此跨境电商行业的特殊性对现行的税法制度在监管和征收层面都具有一定程度的冲击，使得跨境电商自身享有的权益实现也存在困难。

三、对跨境电商网络财务管理发展的建议

（一）风险意识的树立是网络财务管理优化的重要前提

风险意识不足是导致跨境电商陷入网络财务管理困境的重要因素之一。要想保证网络财务管理优势的充分发挥，降低网络财务管理风险的不利影响，跨境电商应树立风险意识，认知财务管理中风险管理的重要性，从而根据自身的实际情况建立风险评估体系，或与风险评估机构建立合作，对自身发展过程中存在的风险进行评估与预测，并有针对性地制定网络财务管理方案与财务风险防控举措，保证各项业务开展的顺利性、稳定性与安全性。

（二）政府扶持力度的提升是网络财务管理优化的手段

由于跨境电商业务流程存在一定的复杂性，不仅与外管部门、金融机构等存在关联性，与税务机构、海关部门也存在密切的关联性。就跨境电子商务的网络财务管理模式而言，其交易方式、支付形式等与传统对外贸易存在一定的差异性。对此，政府应根据跨境电商及其网络财务管理特征，完善相关制度与法律规定，并加大对跨境电商的扶持力度。例如，建立跨境电商监控机构，对跨境电商的业务流程进行有效监管，提升消费者对跨境电商发展的信心；优化跨境电商出口退税程序，给予跨境电商企业相应的对外贸易政策优惠；提升跨境电商会计与财务工作效果，提升跨境电商网络财务管理中会计核算的标准性与规范性。

（三）网络财务管理系统的构建是财务管理优化的根本

为实现网络财务管理自身优势的充分发挥，如提升企业管理质量与效率，提升企业财务管理工作的协调性、员工的参与性，实现经济活动财务情况的实时动态管理，等等，应建立完善的网络财务管理系统。在此过程中，应对跨境电商的性质、业务流程等进行全面

的分析，从而进行网络财务系统的科学设计，并结合企业的实际情况配置相应的软件系统，用以保证网络财务管理系统应用的科学性与适用性。

（四）高素质专业化人才的培养是财务管理优化的必要条件

人才作为企业精神的核心资源，其能力、知识、水平的高低直接影响着网络财务管理的质量与效率。对此，为有效地改善当前跨境电商财务管理面临的困境，提升网络财务管理的质量与水平，加强高素质、专业化人才的培养力度已经成为企业实现可持续发展的必然趋势。在此过程中，企业应根据跨境电商的财务管理特点以及网络财务管理系统建设与应用要求，进行有针对性的培养，提升工作人员的财务与会计专业知识，注重其信息素养、计算机素养、网络财务管理系统操作与使用能力等的提升与强化，为跨境电商优化发展奠定良好的人才基础。

总而言之，任何新兴行业的兴起与发展势必存在重重困难，需要经过时间的洗礼得到成长与完善。跨境电商在信息时代背景下具有广阔的发展空间，但作为新兴产业，跨境电商在发展过程中也存在一定的问题，虽然相对于传统对外贸易而言，跨境电商的网络财务管理存在一定的优势，但由于其起步较晚，运转模式尚未成熟，仍需要进行不断的改进与完善，从而解决当前跨境电商财务管理方面存在的问题，促进跨境电商的优化发展。

第五节　资本运作中的财务管理

随着我国市场经济的不断发展，企业也面临着一系列的改革，特别是在"营改增"的大背景下，对企业的财务管理提出了新的要求。为了能够提高企业在市场中的竞争力，企业要不断加强自身的资本运作能力，这样才能够实现"钱生钱"。从当前企业结构分析，财务管理与资本运作相辅相成，也可以说，财务管理服务于企业的资本运作，一个是微观资金活动，另一个是宏观资金活动。资本运作相比商品运作的概念是相互对应的，主要是指资本所有者对其自身所拥有的资金进行规划、组织、管理，从而实现资产升级。企业发展必须要有资金支持，而较大的资金投入会加大企业的经营风险，这就需要企业能够不断优化自身的资本结构，从而获得更大的经济效益。

一、企业资本运作的特点分析

（一）价值性

企业资本运作的核心特点就是价值性，也就是任何资本运作活动都要推动企业相关产品升值或获取经济效益。企业资本运作的侧重点并不是资产自身，而是企业所有资产所彰显出的价值。在开展企业资本运作过程中，任何活动都必须要着重考虑成本，从而综合反映出成本占用情况，这样才能够分析出企业资产价值，通过对边际成本与机会成本相互比较衡量，为企业决策提供有力依据。

（二）市场性

市场性特点作为资本运作的基本特点，在市场经济大背景下，任何经济活动都要依托于资本市场，这样才能够跟上市场的发展步伐，满足企业的发展需求。因此，企业资本运作必须通过市场检验，才能够了解资本价值大小与资本运作效率的高低。可以说，企业资本之间的竞争就是要依托市场活动才能得以完成，这也是当今资本市场和企业资本运作的一大特点。

（三）流动性

资本运作就是一个资本流动的过程，如我们常说的投资就是一种资本运作，通过前期大量投资，从而不断获取相应的回报，因此，流动性是资本运作的主要形式，这样才能够在不断流动中实现产品增值。对于企业而言，企业中的资产不仅是实物，也不单是要求实物形态的完整性，而是对实物资产的利用是否能够在流动中获得更多的经济效益。

二、强化财务管理，优化资本运作

综上所述，企业资本运作是获取经济效益，实现资产增值的重要手段。企业财务管理作为企业管理的核心内容，对企业的发展有着重要影响。因此，我们必须要充分发挥财务管理的积极作用，推动企业资本运作的优化、升级，从而推动企业的健康发展。

（一）强化会计核算工作，完善财务管理

从微观角度分析，企业财务管理是企业资本运作中的重要组成部分，因此实现资本运作会计核算，就是将企业资本投入生产经营活动中，从而在生产经营中实现会计核算，加强生产成本的控制。其最终目的就是为了能够运用企业资本提高自身的生产经营能力，并从事多种生产经营活动，从而实现资产保值、增值，以及提高企业的经济效益。另外，通过产权交易或分散企业资本，从而让企业资本结构进一步优化，为企业发展带来更多的经济效益。产权交易主要有两大层次：一是经营者根据出资者所提供的经营产权资本，实现资本保值、增值的目的；二是根据财产权来经营，满足经营目标，获得更多的经济效益。因此，在产权资本运营核算中，必须要从这两大层次出发。

（二）完善企业财务管理

在市场经济下，企业财务管理面临着两个方面的挑战：一是企业财务管理风险增加；二是影响企业财务管理的因素增加。可见，财务管理不但是针对企业生产经营活动领域，同时也涉及国内外市场、政策影响等。如今，多种经营方式与投资机遇呈现在了企业面前，任何经济活动都成为"双刃剑"，这就要看企业资本运作中的财务管理是否得当。根据投资组合方式，制定资本运作的盈利目标，并提高自身的抗风险能力、融资能力，从而丰富资本运作活动。因此，在资本运作过程中，加强财务管理至关重要。

（三）完善资本运作中的财务管理制度

想要充分发挥财务管理的积极作用，必须要提供相应的制度支持，这样才能够保障财务管理的有效性与完善性，降低企业财务风险。因此，企业需要设置独立的财务机构，并培养高素质的专业人员，配备相应的核算人员、总会计师、资金分配人员等，为制度确定奠定坚实的基础。对于资本运作中的相关材料，要将会计原始资料作为企业资本运作与生产经营的核心资料，并统一资料的形式与内容，实现有序管理、规范存档。明确财务管理工作人员的相关责任，避免出现财务工作操作失误等问题。结合《企业财务通则》《中华人民共和国会计法》、市场环境、企业内部环境，从而制定更加完善的财务管理制度，明确不同岗位的工作要求，为资本运作提供制度基础。

综上所述，随着我国市场经济不断发展，企业之间的竞争越演越烈。因此，企业必须要加强资本运作来提高自身的市场竞争力，提高企业的经济效益，实现资产保值。充分发挥财务管理的积极作用，为资本运作奠定坚实的基础。

第六节　国有投资公司的财务管理

在我国市场中，投资公司处于发展阶段。因为投资公司能够在降低投资风险的基础上，推动其他相关行业的发展，所以这一行业的出现也标志着我国金融服务行业的快速发展。但是在实际发展过程中，金融市场竞争趋势越来越激烈，这为各国有投资公司提出了严格的要求，只有加大财务管理力度、提升管理水平，才能应对金融市场的变化。所以，本节主要针对国有投资公司的财务管理工作进行研究与讨论。

一、国有投资公司的财务管理基本内容概述

通过对财务管理进行了解可知，国有投资公司内部的财务管理工作，需要将工作的重点集中在以下几个方面：① 加大财务基础管理力度，在公司内部建立与市场经济需求、国有投资公司特点相符合的财务管理机制，并且在日常管理的同时与国际市场相连接。② 加强资金统一调度与运作全过程管理力度。对于资金的筹集，最为主要的是争取到政府方面的财政资金，在此基础上要积极向海外市场扩张，以此实现融资。对于资金的使用，要始终以安全、流动、效益为基本原则，做到量入为出，遵循长短结合和科学筹划的要求，全面降低公司内部的融资、运营、管理等环节的成本，以此实现资金使用效益的提升。③ 通过行之有效的管理方法，致力于规避财务风险，保证公司的资产结构与长、中、短期债务相适应。④ 在公司内部落实债权风险管理机制与逾期贷款清理责任制。⑤ 加大对公司财务改善的重视，使公司的投资与运行能够有足够的现金流支持，并且能够满足公司业务拓展与还本付息的根本需求。

二、国有投资公司的性质与目的

我国国有投资公司产生于 20 世纪 80 年代中后期，是由政府全额出资，以贯彻政府公共职能为核心目的，主要从事基础设施、基础产业与部分支柱产业投资的投资主体和经营主体。其性质是一种特殊的国有企业，行使出资权力，是国有资产配置的代理者。国有投资公司作为经济发展的一支中坚力量，在新形势、新机遇的挑战下，不仅要执行政府意图，关注民生，根据政策对基础产业进行投资，而且它又是市场竞争主力，自主经营、自负盈亏、自我发展，实现国有资产的保值与增值。因此，国有投资公司的目的是保值增值，发挥模范带头和经济导向作用，优化国有资产的配置和布局，最终使政府所制定的宏观调控政策完美实现。

三、国有投资公司的财务管理模式

（一）集权制财务管理模式

集权制财务管理模式是指国有投资公司的各种财务决策权集中于母公司，母公司集中控制与管理投资公司内部的经营和财务并做出决策，而子公司必须严格执行。财务管理决策权高度集中于母公司，子公司只享有少部分财务决策权。集权管理主要是集中资产管理权。集中资产管理权不仅包括决策权，还包括经营权及部分业务控制权。

一般来说，成本低、效率高的集权性决策，对于母公司与子公司间的配置资源和战略协调方面有着很大的优势，但是它也有不利的一面，就是承担的风险相对较高，经营决策水平和决策者的战略分析判断力决定着决策是否正确，如果一个公司的发展是因为一个决策的失误而造成的，就可能破坏公司的整体发展，甚至使公司走向衰亡。

（二）集权与分权结合的财务管理模式

集权与分权结合的财务管理模式的特点主要为：在制度方面，应该在集团内部制定统一的管理制度和职责，使得财务权限和收益分配方法明确，各子公司应该依据自身的特点在母公司的指导下遵照执行，特殊情况再予以补充说明；在管理方面，应该充分利用母公司这一强大的支柱力量，集中管理部分的权限；在经营方面，要从制度出发，充分调动子公司的生产经营积极性。

财务机制出现的一些僵化的局面一般是由极端的集权和子公司的不积极主动而造成的，必然导致财务机制的僵化；反之，分权的极端化一定会导致子公司以及它的生产经营者过度追求经济利益而致使失控状态的产生，对整体利益造成严重破坏。合适的集权与分权相结合不仅可以充分发挥母公司财务的调控职能和激发子公司的生产积极性与创造性，还可以将子公司的风险控制住。这种模式的运用防止了过分集权或分权而导致的危害，充分发挥了集权和分权的优势。

四、国有投资公司财务管理模式的优化策略

（一）加强国有控股企业的财务管理

从财务风险管理的角度讲，国有投资公司应以财务监管为手段，结合自身的业务特点，对项目单位的管理体系不断进行规范和完善，以使财务的内部控制系统得到健全，将财务风险降低至零。

（1）实行全面预算的管理。对关于财务监管机制方面的项目单位进行战略协同，要加强其财务预算管理与控制能力。确保预算的顺利进行，即确保项目单位的权利分配和实施。公司对项目单位在按年、季、月编制财务预算的基础上，对预算的执行情况进行分析，及时纠正错误，补缺漏洞，从而将目标控制与过程控制和结果控制相结合，在一定程度上了解和控制项目单位的财务风险。

（2）建立重大财务事项报告制度。公司如果对项目单位管理过于严格和紧张，很可能"一管就死"，放得过宽过松，又可能"一放就乱"。因此，关键之处还是要管理得当，只要合乎常理，不越界，就能管理好单位的重大财务项目，就可以授予项目单位经营自主权，充分调动他们的主观能动性。

（3）强化对项目单位的内部审计。关于项目单位的内部审计方面，除控股项目单位之外，要将内部审计延伸到参股项目单位；除年度决算审计之外，可据实际开展征期经济责任审计等专项审计；要注意与项目单位的沟通，在审计时，要注意方法和介入的时机；审计要深入彻底，项目单位整改要落实到位。

（4）完善项目单位经营者的激励约束机制。从委托至代理角度进行考虑，基于内在矛盾，如信息不对称、契约不完备和责任不对等，可能会产生代理人"道德风险"和"逆向选择"。所以，需要建立激励约束经营者的管理机制，以促使经营者为股东出谋划策。

（二）加强对参股公司的财务管理

（1）实行对国有参股企业中国有资产的立法管理：首先要建立适合国有资产的法律法规体系，健全资产体系，做到依法管理资产，以保证国有资产的管理轨道走上合法化和法制化，尤其对于国有资产流失的查处应该尽快立法。

（2）对于企业内部的国有参股，每年要进行资产的定期清查，对国有资产存量的分布构成进行核查、增减变动；建立奖惩分明、落实责任的管理体系，对日常资产进行检查、验收与评价。

（3）对于产权转让行为进行规范化，对于产权中心交易职能进行强化。确定国有参股企业的国有资产产权归国家所有，在具备产权转让资格的前提下必须有国家机构授权方可。同时应该规范中介机构的转让，以充分的信息，合法的场所，公开、公平的交易，公正的监督为前提，依法管理。对交易行使统一管理，确保产权交易的规范性、合理性和权威性。

国有投资企业要结合我国关于投资情况，加强财务管理手段和方法，提高财务人员防患未然的财务风险意识，不断更新和完善财务管理系统，以适应市场环境的千变万化，促进自身长足久远发展。

第七节　公共组织的财务管理

公共组织财务管理弱化是一个世界性的问题。1989 年，美国审计总署和总统管理与预算办公室对联邦政府的"高风险"项目进行研究，识别出多达 78 个不同的问题，这些问题的存在使得潜在的联邦政府债务达到数千亿美元。为了解决上述问题，1990 年，美国国会通过了《首席财务官法案》，目的在于提高联邦政府的财务管理水平。我国近些年来审计署披露的中央、地方政府部门及某些高校、基金会的违规违纪案件更是令人触目惊心。人们不禁要问：这些过去的"清水衙门"为何成了事故频发区？它们到底是怎么管理的？违规违纪案件为何屡禁不止？

在这一背景下，理论界对公共组织财务管理问题展开了研究。英国学者 John J.Green 出版的《公共部门财务管理》一书中，以英国为例对公共部门的财政控制、预算等问题进行了概括和总结。我国学者李建发对公共组织财务与会计问题进行了较为全面、系统和深入的研究，在其发表的论文《市场经济环境下事业单位的财务行为规范》《公共财务管理与政府报告改革》等研究成果中对公共组织财务管理的性质、特征进行了分析，并提出加强公共组织财务管理的若干建议。姜宏青在《公共部门理财学科的兴起与建设》一文中从学科建设角度分析了建立公共部门理财学的必要性，并提出了公共部门理财学科的构建设想。这些研究无疑极大地促进了我国公共组织财务管理理论研究，但总体来说，我国公共组织财务管理理论研究刚刚起步，现有研究成果中就公共组织财务管理某一方面存在的现实问题进行研究的比较多，探讨公共组织财务管理理论问题的研究成果尚不多见。基于此，本节在吸收前人研究成果的基础上，尝试对公共组织财务管理的内涵、特征、目标及内容进行探讨。

一、公共组织财务管理的含义和特点

公共组织财务管理也称为公共部门财务管理或公共财务管理，是指公共组织（或部门）组织本单位的财务活动、处理财务关系的一项经济管理活动。

（一）公共组织

社会组织按组织目标可分为两类：一类是以为组织成员及利益相关者谋取经济利益为目的的盈利性组织，一般称为私人组织，包括私人、家庭、企业及其他经营机构等；另一类是以提供公共产品和公共服务，维护和实现社会公共利益为目的的非盈利性组织，一般称为公共组织，包括政府组织和非营利组织。

在我国公共组织主要指政府部门、事业单位和民间非营利组织。从理论上讲，国有企业也属于公共组织，但由于其运行和管理方式比较特殊，一般不把它包括在公共组织中进行研究。

公共组织具有组织目标的非营利性和多样性、提供的公共产品和服务的非竞争性、行为活动的规则导向性以及通过行使公共权力来管理公共事务等特点，这些特点使得公共组织的财务活动明显区别于私人组织。

（二）公共组织财务的特点

公共组织财务包括财务活动的组织及其所形成的财务关系的处理，其中财务活动主要指围绕组织资金的流入、流出所进行的组织、计划、控制、协调等活动。公共组织财务具有以下主要特点。

1. 财政性

公共组织的资金运营与财政资金有着千丝万缕的联系：① 大部分公共组织（主要是政府部门和事业单位）的资金来源于财政资金。② 由于政府部门和事业单位是公共财政的具体实施者，因此公共组织财务活动就是财政政策的具体执行和体现。③ 公共组织财务活动的结果和效率直接影响了财政目标的实现。

2. 限制性

公共组织是用别人的钱给别人办事，缺乏责任约束和激励机制，为防止公共组织滥用公共资源，各国政府对公共组织的资金管理一般较为严格。与私人组织相比，公共组织在资金的筹集和使用上受到了较多的限制：① 公共组织资金的筹集、使用方向和金额应严格以部门预算为基础，并非组织自主决定。② 公共组织（主要是政府部门）在资金管理权限上受到限制，如我国政府采购制度规定，政府部门采购大宗商品和劳务的活动要由财政部门代为进行，政府部门在资金管理权限上受到了相当大的限制。

3. 财务监督弱化

私人组织的财务活动一般会受来自产品市场、资本市场、投资者、债权人、社会中介等多方面的约束和监督，与私人组织相比，公共组织由于来自所有者和市场的监督弱化，导致其财务监督弱化：① 资金提供者监督弱化。公共组织的非营利性决定了公共组织资金的提供者不能从组织的运营中获得经济上的收益，他们既不享有经营管理权，也不享有收益分配权，这样公共组织就缺乏最终委托人的代理人，不存在"剩余索取权"的激励机制。因此，与企业投资者相比，公共组织资金提供者对组织的经营和财务活动情况的关注度较低，对组织运营的监督相对弱化。② 市场监督弱化。公共组织提供的公共产品或服务，如公共安全、社会秩序等往往具有垄断性，一般不需要由具有竞争性的市场来评价其产品或服务的价值。公共产品市场的这种非竞争性，使得公共组织缺乏来自市场的竞争和监督，这也是造成公共组织资源利用效率低下的原因之一。

4. 财务关系复杂

公共组织财务活动涉及面广、影响大，所体现的财务关系也比私人组织复杂：① 利益相关者众多。公共组织在组织资金运动，提供公共产品的过程中，既涉及与财政部门及其他职能部门的关系，也涉及与供应商、金融机构及社会公众等的关系，利益相关者众多。② 既存在经济关系，又存在政治关系。私人组织财务活动体现的是市场规则下的经济关系，而公共组织财务活动所体现的既是经济关系又是政治关系。公共组织的资金从根本上是来源于纳税人等社会公众，其产品也是服务于社会大众，其财务活动的背后反映的是政府的政策选择，体现着政府的意图。因此公共组织资金的流动和分配就不仅体现着经济关系，还体现着一种政治关系。

（三）公共组织财务管理的特点

1. 以预算管理为中心

在本质上，公共组织是受公众的委托，利用公共资源来提供公共服务，但它缺乏利润等明确的指标来反映公共组织委托责任的履行情况。因此，公共组织财务管理的一个重要方式就是通过预算模拟市场机制来组织、指挥公共事务活动，通过预算将公共组织所承担的受托责任具体化、数量化、货币化，使之成为代理人的具体目标和委托人控制的具体标准。预算管理是公共组织管理的核心和基础，必然也是公共组织财务管理的重心。公共组织财务管理就是围绕着预算的编制、执行、检查、考核进行的，公共组织的资产管理、收入支出管理、绩效考核等都是以预算为基础展开的。

2. 兼顾效率和公平

财务管理的本质是提高资金效率，实现价值增值。虽然公共组织开展业务活动的目的是执行或提供社会管理或公益职能，没有直接的经济目的，但公共组织同样需要讲求效率，追求费用最低化、回报最高化以及正的净现值等目标。只有这样才能充分利用公共资源提供更好的公共服务。当然，公共组织的效率目标可能会与公共组织的其他目标产生矛盾。因此，公共组织在确定财务管理目标，进行财务决策时，要兼顾效率和公平。

3. 微观性

由于公共组织资金具有一定的财政性，因此人们常常将公共财政与公共财务混为一谈，用公共财政代替公共财务。虽然公共财政与公共财务有着密切的联系，但两者的区别还是很明显的。公共组织财务管理是为本单位开展各项业务活动服务的，侧重于公共组织单位微观的财务活动；而公共财政是为保证公共财政职能的全面履行服务的，侧重于政府的宏观财政收支等活动。

4. 手段的多样性

企业财务管理主要通过经济手段实现管理目标，而公共组织实现目标的手段更加多样化，既可借助其公共权力通过法律或行政手段实施管理，如预算管理、目标管理等，又可引入市场机制，借助经济手段，如政府采购过程中的招标、公共投资项目决策中的成本效益分析等。

二、公共组织财务管理的目标

公共组织是以实现社会公益而不是追逐利润最大化为宗旨的非盈利性组织，其财务管理目标应服从于组织宗旨。财务管理的最终目标是通过价值管理保障组织资源的安全，提高资源的使用效率，为实现组织目标提供物质保障，实现组织宗旨。因此，公共组织财务管理目标是在保障社会公益目标的基础上，科学、合理、有效地筹集、运用和分配组织的公共资源，实现公共组织效率与公平的统一。具体体现在以下三个层次。

（一）保障公共资源的安全完整

这是公共组织财务管理的初级目标。与企业相比，公共组织缺乏责任约束和激励机制，财务监督弱化，容易造成公共资源的流失和浪费。公共组织财务管理的初级目标就是保障公共资源的安全完整，即通过科学编制政府公共部门的预算，统筹安排、节约使用各项资金，建立、健全政府公共部门的内部控制制度，加强资产管理，保障预算的严格执行，防止资产流失和无效投资。只有保障公共资源的安全完整，才能为公共组织实现社会公益提供基本的物质保障。

（二）提高资源使用效率

这是公共组织财务管理的高级目标。公共组织财务管理就是要通过绩效管理、成本控制、资产管理等手段，帮助公共组织科学决策，合理配置使用资源，注重资源的投入产出分析，提高组织公共资源的使用效率。

（三）实现效率与公平的统一

这是公共组织财务管理的终极目标。公共组织财务管理的最终目标就是通过财务管理活动帮助公共组织科学有效地组织分配财务资源，为社会公众提供更好的公共产品和服务，实现效率与公平的统一。

三、公共组织财务管理的内容

企业财务管理围绕着资金运动展开，主要内容包括筹集、投资、运营资金管理和利润分配。由于公共组织财务活动的特殊性，公共组织财务管理具有更为广泛的内容，不仅包括对公共资金的管理，还包括对各种公共资源的管理以及公共组织绩效管理。其主要内容如下。

（一）预算管理

预算是公共组织的年度财务收支计划，集中反映了公共组织资金的收支规模、业务活动范围和方向，是其财务工作的综合反映。预算管理是对公共组织进行财务监管所使用的主要手段，通过预算编制可以提高公共组织对未来事务的预见性、计划性，规范公共组织的财务收支活动。预算审批，特别是政府部门的公共预算审批，其实质是民主参与公共资源分配决策，提高公共财务透明度的一种形式，是对公共组织财务活动的一种事前控制。

1. 公共组织预算与公共预算的关系

公共预算（也称为"政府预算"）是综合反映一级政府年度收支的计划，是政策性的，反映的是政府的意图，体现的是公平。公共预算主要用于配置资源，分配收益和成本。公共组织预算是执行性的，是具体部门的年度收支计划，反映的是公共资源使用的效率。

公共组织（主要是政府部门和事业单位）预算是政府预算的基础，公共预算由各具体的政府部门预算和事业单位预算构成。公共组织预算是在公共预算的框架下编制和实施的。

2. 公共组织预算管理的内容

从预算管理的流程来看，公共组织预算管理主要包括：① 预算基础信息管理。公共组织预算是在充分分析组织相关信息，如人员数量、各级别人员工资福利标准、工作职能、业务量、业务物耗标准等基础上编制的，基础信息的全面、准确是预算编制科学性的重要保障。在相关信息中定员定额信息是最重要的基础信息，定员定额是确定公共部门人员编制额度和计算经费预算中有关费用额度标准的合称，是公共部门预算编制的依据和财务管理的基础，也是最主要的单位管理规范。受我国政府机构改革的影响，近年来政府机构撤销、增设、合并频繁，政府部门原有的定员定额标准已不符合实际情况，迫切需要重新制定科学合理的定员定额标准。另外，还应建立相关的统计分析和预测模型，对部门收支进行科学的预测，提高预算与实际的符合度，便于预算的执行和考核。② 预算编制管理。预算编制管理的核心是预算编制、审批程序的设计和预算编制方法的选择。③ 预算执行管理。预算执行环节的管理主要是加强预算执行的严肃性，规范预算调整行为，加强预算执行过程中的控制。④ 预算绩效考核管理。将预算执行结果与业绩评价结合起来。

（二）收入与支出管理

公共组织收入一般是指公共组织为开展业务活动和完成公共任务依法获取的非偿还性资金。公共组织支出一般是指公共组织为开展业务活动和完成公共任务发生的各项资金耗费与设施。

企业的收支活动都是通过市场竞争实现的，所以，只要符合国家法律和企业战略要求，其收入越多越好，并且收入与支出之间存在着明显的配比关系。公共组织的收入大多是靠公共权力强制获得，收入与支出已不存在明显的配比关系。这样，作为公共组织的管理者有可能存在道德风险，为了部门或个人利益滥用公共权力"自立规章，自收自支"，进行各种收费、罚款、集资、摊派，损害公共利益。因此，公共组织财务管理应更加关注组织的收入与支出活动，其目的是合理确定收入规模，规范收入来源，优化收入结构，正确界定公共支出范围，规范支出活动，建立合理的理财制度。

公共组织收支财务管理制度一般有以下三种。

1. 内部控制制度

在公共组织内部科学设置职务和岗位，使得不相容的职务和岗位分离，形成部门和人员之间相互牵制、相互监督的机制，防范公共组织在资金收支活动中的资金流失、侵占、挪用、转移和贪污等问题的发生。

2. 财务收支审批制度

建立健全公共组织财务审批制度是部门财务管理工作的关键环节，只有这样才可能保证公共组织收支的规范化。

3. 内部稽核制度

公共组织要建立内部监督审查制度，定期对组织资金的收支情况进行监督审查，及时发现问题，防止资金管理方面的漏洞。

（三）成本管理

由于公共组织的公共特性，长期以来，我国公共组织，特别是政府部门只问产出，不问投入；只算政治账，不算经济账，以致行政成本总量偏高，投入与产出明显不对等，这种情况在事业单位和一些民间非营利组织中同样存在。

虽然公共组织的主要目的是为公众利益服务的，但并不是不讲成本与效益问题。自20世纪80年代以来，为摆脱财政困境与新公共管理思潮的驱动，西方各国政府已把注意力从资源分配转移到成本核算和控制上。

公共组织成本管理应包括以下内容。

1. 综合成本计算

寻找成本驱动因素，按驱动率分配管理费，并归集到相应的职能、规划、项目和任务中，以便在资源成本率分配管理费用和资源用途之间以及成本和业绩之间构建联系，从而明确各自的责任。

2. 活动分析和成本趋势分析

对政府项目和流程进行分析，寻找较低成本的项目和能减少执行特定任务的成本途径。

3. 目标成本管理

即恰当地制定和公正地实施支出上限，合理控制业务成本。将成本同绩效管理目标联系起来，实施绩效预算和业绩计量。

（四）投资管理

公共组织投资主要是指由政府或其他公共组织投资形成资本的活动。公共组织投资包括政府组织投资和非营利组织投资。其中政府的投资项目往往集中在为社会公众服务，非营利的公益性项目如公共基础设施建设等，具有投资金额高、风险大、影响广等特点。非营利组织投资主要指非营利组织的对外投资。

公共组织投资活动的财务管理主要侧重于以下三个方面。

（1）对投资项目进行的成本—收益分析和风险分析，为公共组织科学决策提供依据。政府投资项目的成本—收益分析要综合考虑项目的经济效益和社会效益。

（2）建全相关制度，提高投资资金使用效率，如采用招投标和政府集中采购制度，提高资金使用效率。

（3）建立科学的核算制度，提供清晰完整的投资项目及其收益的财务信息。

（五）债务管理

公共组织债务是指以公共组织为主体所承担的需要以公共资源偿还的债务。目前，在我国比较突出的公共组织债务是高校在扩建中进行大量银行贷款所形成的债务。

有些学者将政府债务管理纳入公共组织财务管理中，笔者认为是不妥的。因为大部分的政府债务（如债券、借款等）是由政府承担的，并未具体到某个行政单位，行政单位的债务主要是一些往来业务形成的，且一般数量并不大。政府债务应属于财政管理的范畴，行政单位的债务管理属于公共组织财务管理的范畴。

从财务管理角度实施公共组织债务管理的主要内容有以下三个方面。

（1）建立财务风险评估体系，合理控制负债规模，降低债务风险。公共组织为解决资金短缺或扩大业务规模，可以适度举债。但由于公共组织不以营利为目的，偿债能力有限。因此，建立财务风险评估体系，根据组织的偿债能力，合理控制负债规模，降低债务风险。

（2）建立偿债准备金制度，避免债务危机。

（3）建立科学的核算制度，全面系统地反映公共组织债务状况。

（六）资产管理

公共组织资产是公共组织提供公共产品和服务的基本物质保障。目前我国公共组织间资产配置不合理、资产使用效率低、资产处置不规范等现象较多。

从财务管理角度实施公共组织资产管理的主要内容有以下四个方面。

（1）编制资产预算表。公共组织在编制预算的同时应编制资产预算表，说明组织资产存量及其使用状况，新增资产的用途、预期效果等，便于预算审核部门全面了解公共组织资产状况，对资产配置做出科学决策。

（2）建立健全资产登记、验收、保管、领用、维护、处置等规章制度，防止资产流失。

（3）建立公共资产共享制度，提高公共资产的利用效果。

（4）完善资产核算和信息披露，全面反映公共组织的资产信息。

（七）绩效管理

建立高效政府、强化公共组织绩效管理是各国公共管理的目标。绩效管理重视公共资金效率，将公共资金投入与办事效果比较，促进公共组织讲究效率，是实现公共组织社会目标，建设廉洁高效公共组织的必要条件。

从公共组织财务管理的角度来看，主要是把绩效管理同预算管理、公共支出管理等内容结合起来。

（1）建立以绩效为基础的预算制度，将绩效与预算拨款挂钩。

（2）建立公共支出绩效评价制度。

（3）在会计报告中增加年度绩效报告。

（4）开展绩效审计，进行有效监督。

第三章 大数据背景下的财务管理

第一节 大数据背景下财务管理的机遇、挑战和创新思维

本节首先分析了大数据对企业财务管理的影响，其次讨论了大数据给企业财务管理带来的机遇和挑战，最后提出了大数据下企业财务管理的创新思路。

作为具有革命意义的最新科学技术，大数据正在从各个角度影响着我们的生活，也包括企业财务领域。财务管理是企业管理的核心内容，对企业经营规划有着深刻的影响，能否执行优秀的财务管理关乎着企业的生存发展。如何积极应对大数据背景下企业财务管理的环境变化和发展趋势，以敢于创新的姿态占领时代的先机，是当前我国企业必须认真对待的问题。

一、大数据对企业财务管理的影响

传统的企业财务管理所依据的数据是非常有限的，这使得财务数据分析也具有明显的局限性，导致财务管理缺乏全面的、精确的数据基础。建立在数据不完全可靠基础上的企业财务管理如同管中窥豹，很容易以偏概全，与市场的客观性存在较大差距，极易发生判断失误，最终导致企业利益的损失。而大数据技术能够为企业呈上全面的、实时的、精确的市场数据和系统的、多层次的、个性化的数据分析，使企业拥有更可靠的财务分析工具、更先进的财务管理和更有效的财务决策依据。具体而言，大数据对企业财务管理的影响主要包括以下四个方面。

（一）企业财务处理方式的变化

首先，大数据改变了财务处理的范围。在传统财务管理概念中，企业仅处理与本企业直接相关的财务数据。但是在大数据背景下，凡是与本企业相关的数据都在收集和处理范围之内，如行业信息、金融市场波动、上下游企业的财务状况变化等信息都逃不过大数据的关注和数据挖掘。其次，与传统财务管理方式相比，大数据更注重非财务信息的价值。大数据技术能够通过分析那些从表面上看与财务完全无关的数据，并对其进行提取、统计、归纳，从中找出与财务管理相关的经济规律、企业特征、潜在问题，为企业进行财务管理提供扎实的数字依据，更重要的是为企业指明提高财务管理水平的方向，使企业可以将有

限的资源放在最关键的财务管理节点上，实现财务管理资源的最大化利用。

（二）企业会计核算方式的变化

传统财务管理大多采用"人—机"结合的半手工方式，而大数据背景下财务管理则向全自动化方向发展。在大数据平台的处理中，企业财务与外部相融合进行统一核算。基础核算工作越来越少，核算过程越来越智能化、去人工化、高速化和标准化。以华为公司为例，任正非为改变华为粗放式财务管理带来的风险，专门请来 IBM 的财务团队为华为量身定做了以大数据为支撑的集成财务体系（IFS），用大数据的会计核算理念重新梳理会计核算流程。该体系甚至成为影响华为现今组织架构的重要因素，正如华为一位财务顾问所说的："没有配套的 IFS，华为是不可能下决心将权力下放的。"

（三）对企业财务管理人员知识结构要求的变化

目前我国很多企业已经意识到大数据对财务管理变革的意义，但是由于传统财务人员在运用大数据技术方面存在能力不足、观念更新速度慢等原因，在具体运用大数据和进行大数据分析方面存在一定难度。在大数据背景下，企业财务人员不仅要具备财务方面的相关知识技能，还要掌握计算机、统计学等方面的知识，使大数据能够真正服务于企业。

（四）企业财务管理环境发生了变化

大数据的出现改变了人们生活、工作的方式，同时也改变了人们的思想观念，在经济领域同样深刻影响着人们。普通消费者、企业、经济团体的众多金融行为都成为大数据收集的内容，众多企业应用大数据判断业务影响，加深对服务的理解，加快企业利润的增长。在这样的环境变化下，企业想实现高水平的财务管理，就不可能离开大数据的支持。

二、大数据给企业财务管理带来的机遇和挑战

（一）大数据给企业财务管理带来的机遇

首先，大数据采用巨量数据集合技术采集海量数据并进行分析，使企业财务人员从浩如烟海的数据中得到潜在的、具有关键财务价值的信息，为企业制定发展战略和重要决策提供有力的数据支持。

其次，通过对企业内外部庞杂信息的筛选和梳理，帮助企业找到影响自身发展和健康运行的负面因素。如通过大数据对企业投资、利益分配、运营管理等与财务相关活动的分析，不但为企业指出可能存在的风险因素，也为企业风险管理指明了方向。有助于企业清醒地认识存在的问题和潜在的风险，提前做好规避财务风险的准备，制订具有针对性的事前、事中和事后控制方案，有效降低风险发生概率，使财务管理更加稳定可靠地为企业服务。

再次，大数据可以为不同企业提供智能化的、形式统一的、内外融合的财务分析工具。一方面，大数据分析能够有效降低企业财务管理水平，降低财务管理工作量；另一方面，

大数据通过综合性分析结果，提供以往财务部门和其他部门都无法提供的企业战略依据，使财务部门在企业中的地位得到大幅度提升。

最后，大数据将促进企业内部人员架构向更科学的方向发展。企业应用大数据处理财务管理问题时，不仅要收集财务数据，也要收集表面上看起来与财务"完全不相关"的数据。财务部门与其他部门共同调取、选择和分析数据，这就要求财务部门与其他部门建立更直接和更协调的关系，财务部门关注企业运行的范围更广，工作内容更全面。这些改变要么促使财务部门获得更高的管理职权，如长虹的"财务共享系统"使企业财务部门向高端化转型，成为企业运营的中心枢纽部门；要么促使企业重新规划财务框架，如海尔集团为了创新"人单合一的预算管理模式"，提高了一线员工对预案财务化的责权利，彻底改变了企业领导与普通员工之间的管理关系。无论哪一种改变，都带动企业人员架构向更合理的方向发展，为企业带来更高的利润。

（二）大数据给企业财务管理带来的挑战

首先，如何科学有效地应对大数据的挑战。大数据浩如烟海、种类庞杂，如何快速提取、挖掘和分析数据，对于企业财务部门来说是一项全新的挑战。从硬件角度来看，多数企业带宽不足，也不具备大数据所需的数据储存和处理条件。从软件角度来看，多数企业也不具备自行开发海量数据处理、建立超大型数据仓库和进行深度数据挖掘的能力。从财务管理人员角度来看，很多企业的财务管理人员并不具备应用大数据技术的技能。

其次，企业将面对财务管理模式转型的挑战。大数据背景下，企业财务管理将向信息化、智能化方向转变，变事后处理为事中处理。最重要的变化是传统的管理型财务方式向现代的价值型财务管理体系的转型，即将普通的记账管理工作模式转变为管理价值和创造价值的工作体系。如何实现这种改变并真正发挥新模式的作用，对企业来说是新的挑战。

最后，企业将面临寻找和培养新型财务管理人才的挑战。大数据的应用对企业财务管理人员提出了新的要求，包括如何保护企业商业机密、如何提取具有价值的数据、如何结合企业所处行业特点和发展战略进行个性化数据分析等，这些都需要同时具有财务管理知识、统计知识、计算机知识和大数据应用技能的高水平人才。当前我国多数企业都缺乏相应的人才储备，因此如何寻找和培养新型财务管理人才是对我国企业的重要挑战。

三、大数据下企业财务管理的创新思维

（一）创新企业财务管理组织结构

企业通常根据职能进行财务管理，最常见的是将财务部门细分为会计部、财务部、资金部等。迎接大数据对财务管理的改变，企业应主动创新财务部门的组织结构。

首先，企业应该在财务管理组织中设置独立的部门或人员来专项管理财务数据及与财务相关的非财务数据，进行数据获取、数据挖掘和分析。对于暂时不具备创建大数据财务管理体系的，可以购买第三方的大数据平台使用权，但仍需专人管理和分析数据。

其次，大数据的产生使财务管理与企业其他部门的联系更加紧密，企业管理者应从新的高度来看待财务管理在整个企业中的作用，根据企业自身的特点进行合理重组。或学习长虹，提升财务管理部门在企业中的沟通能力；或学习海尔，通过制度和新的财务体系将财务管理渗透到企业运行的每一个环节中，形成扁平化的财务管理流程。无论哪一种方式，其最终目的都是调动企业全员参与到财务管理中。

（二）构建大数据财务管理系统

大数据的有效信息密度较低，想从巨量数据中提取有效信息就必须依靠大数据财务管理系统。该系统通过数据预测和数据挖掘分类等技术对所有与企业财务相关的大数据进行采集、分析、梳理和评价，不但能为企业提供全方位的财务数据、存在问题、潜在危险，还能评价上下游企业的财务及经营状况，预测企业乃至所在行业的未来发展趋势，为企业财务及发展战略的制定提供最可靠的数据。在条件允许的情况下，企业可以独立建设大数据财务管理系统，还可以购买第三方大数据平台的使用权，只需下载客户端就可以构建本企业的大数据库。对于大多数企业来说，这种方式更为快捷，成本也更低。

（三）建设大数据财务人才队伍

无论是依靠企业自身能力建设大数据财务分析体系，还是购买第三方大数据平台的使用权，财务管理部门都离不开能够应用大数据软件和对大数据进行分析的财务人才。这些财务人才不但要精通传统的会计学和财务管理知识，还要能够应用统计学、大数据技术，熟悉企业运营规律和所在行业的发展状态。只有这样的人才才能真正发挥大数据在财务管理上的宏观优势，为企业提供具有较高价值的财务决策依据。为了得到这样的财务管理人才，企业一方面应强化原有财务管理人员的培训，全面提高财务管理人员的综合能力；另一方面应积极引进大数据人才，组建具有现代化大数据综合处理和应用能力的财务管理团队。无论哪种方式，最终的目的都在于充分利用大数据的优势，使其真正体现在企业财务管理中的价值。

大数据从根本上改变了企业财务管理的实效。顺应潮流，完成自身变革，是时代对企业财务管理提出的必然要求，也是大势所趋。以积极主动的姿态迎接这一变革，会为企业财务管理带来质的改变，也会为我国企业的整体发展带来深刻的影响。

第二节　大数据背景下财务管理的发展

现代企业的管理中财务管理是十分重要的一个部分。现代企业不仅要改变传统会计的核算方式，还要尽可能地找出财务数据中一些隐藏的信息，从而更好地了解企业的过去、现在和未来的发展。在物联网、云计算、大数据理念迅速发展的过程中，企业的财务管理也在不断地变化。金融管理最为重要的就是对数据的管理，而大数据的发展恰好满足了金融发展的需求，大数据不仅可以掌握大量的数据，而且类型十分多样，运行的速度也有十分大的优势，所以大数据可以促进财务管理的发展。

一、大数据时代助力财务管理

大数据不同于传统数据的数据形态和数据处理模式，必然对企业的管理理念和组织流程等产生影响。大数据时代的到来，对于传统财务管理既是机遇也是挑战。

（一）信息共享助推财务管理

大数据时代带来的信息共享大大缓解了信息不对称，信息的交流更便捷和快速，使得企业的利益相关者，例如股东、供应商、客户、员工和公众等，能够通过互联网进行实时的信息共享，财务管理的详细信息能够充分传达至利益相关者。利益相关者将成为政府法律约束之外新生的一股力量，经由大数据更好地对企业的财务环境进行监督和约束。

（二）管理层重视助推财务管理

追根溯源，财务管理能否有效地发挥作用，取决于管理层的重视和支持。作为企业的战略制定者，如果管理层能够在战略层面上更多地考虑财务管理后果的影响，将能更好地认识财务管理的潜在价值，从而选择适当的财务管理工具和方法来促进管理，最终推动财务管理实务的发展。

财务作为一个综合性的经济管理和监督部门，早就秉承了用数据说话的传统。财务分析报告中无论是数据反映还是综合评价，以及揭示的问题，无一不是以数字为支撑的。在大数据时代，充分利用数据仓库、联机分析、数据挖掘和数据可视化等技术，把离散存储于不同系统中的海量结构化和非结构化数据彼此关系并进行深度挖掘分析，可以对财政性资金的使用情况、相关政策实施的效果的绩效进行评估，从而得出客观的财务分析结论，所有这一切都将会得到财务分析报告的使用者和决策者的高度认同，从而进一步提升财务管理在企业发展中的地位。

（三）技术环境改善助推财务管理

随着大数据技术发展，跨越系统、跨越平台、跨越数据结构的技术将使企业各部门与财政部门得以流畅协同。财务部门不再需要分别获取各个部门的相关数据，只要接入企业数字化内部网络，所有财务预决算所需的数据在设置一定的权限后都可以直接获取，大大节约了财务管理成本。同时由于利用大数据技术，数据处理及分析响应时间将大幅减少，财务工作的效率将明显提高。

二、大数据在财务管理中的作用

（一）对政策的分析更到位

金融数据最大的特点就是数量大、计算复杂，同时包含的信息也是更有价值的。利用大数据进行解释可以充分地了解企业的财务状况，对企业的业绩以及现金流也可以有充分的了解，而且不仅可以了解过去和当下的财务状况，还可以对未来的发展有一定的预估。所以，对实时数据的掌握是财务管理可以取得重大进展的首要条件。企业对资本和业务的全面了解可以帮助企业更好地分配有限的资源，增强财务统计核算，健全财务统计报告体系，在该体系中要重点关注企业的各项支出和成本。通过大数据的分析，企业的收入和支出情况更加明晰，进而研究出财务管理的政策措施；在对财政收支数据的多位分析中，我们可以定期编制月度预算执行分析手册；在分析区域市场增长和金融数据的基础上，找出企业发展的短期和长期规律，加强财务管理的预见性和成果效益，尽可能地减少企业面临的风险，发现行业潜在的发展趋势，从而更好地增强企业的竞争力。财务分析也要从数据出发，将一大堆数据转化为有效的参考资料，然后依据这些资料进行决策，增强决策的科学性。例如，企业可以对客户进行大数据分析，通过大数据分析来发现很多潜在的信息，如客户的消费观念等，根据客户的具体情况来开发不同的产品，使得产品的销售更加有针对性，以此来预测年度的收支状况，通过对这些数据的分析，企业的管理者的决策就会更加合理。

（二）增强对预算的管理

企业预算一般只根据以前的数据以及市场的变化制定。通过对企业实际操作和业务预算数据比较，在此基础上，根据市场的变化合理地分配企业的各项资源，制订一套合乎实际的预算管理方案。例如综合预算，以前对综合预算的管理有很大的局限性，企业的各项信息的记录和保存都不完善，企业制定综合预算主要是依据内部与历史的数据信息，而这些信息也有一部分是分散的，是独立存在的，难以与其他的数据匹配。产业和先进企业的综合预算都不够完整。利用大数据通过数据的交互、集成、处理、控制和集成内外部数据以及大数据，让企业完成全面的预算，逐渐实现企业预算管理的科学性和时效性。最后，在预算实施过程中，要对具体产品生产的损益情况进行分析，利用大数据采集信息，了解不同产品的详细数据，有助于企业把产品生产经营的实际数据和企业制定的预算数据比较，找到差异以及存在的问题，及时解决问题，减少企业面临的风险，提升经济效益。

（三）加强财务监督

企业的财务监督要依据规章制度的要求和程序进行，对企业经营活动的各方面进行监督，促进企业进行科学合法的经营管理。获取信息可以促进企业财务监管的到位。随着大数据的不断发展，财务管理不仅打破了金融内部企业、财经界之间信息闭塞的局面，同时还使得企业的财务状况得到各方面的监督，企业的经济活动更加透明，使其实现法制化管理。例如，通过对企业各项经营活动的监督和管理，就可以知道企业是否存在虚假收益、企业财务活动效率降低和不经济等损害国家和企业利益的行为，阐释出企业的误区。与此同时，企业还应该保证企业财务报告等信息不被泄露。维护正常的经济秩序的准确性和可靠性。例如，税务机关可以通过比较过去和现在的企业财务信息，检查遗漏，弥补不足，有效地监督企业的税后状况。除此以外，大数据可以使金融监管得到通过，从事后监管转向事前监管或者事中监管。另外，财务经理能在大数据的基础上收集与产品相关的各种数据。在分析总结后，对生产成本因素进行分析，精确预计产品成本，实现对生产过程的监管。

（四）推进企业绩效评价

企业的评价本质上是依据市场经济要求实施企业监管体系。绩效评价是衡量公司综合实力的重要指标，通过这种方式可以指导企业的经营，加强企业内部管理。目前，企业的绩效评价正在不断发展，传统的绩效评价只有单一的财务指标，现在的绩效评价利用大数据已经实现了财务指标和非财务指标的统一，这样可以最大限度地提高信息和数据的有效性。

三、大数据时代企业财务管理的发展变化

大数据的信息变革，引导企业向数据分析转型，会计信息的数据处理体系必然形成，为企业的财务管理提供支持。财务管理将依托大数据更新调整，升级管理职能，拓宽服务范围。大数据时代提供了更快、更好的数据处理技术，为财务管理带来更多的可能和改变。

（一）财务管理信息化转变

传统的财务管理理论和技术在大数据时代中受到冲击，这些挑战促使财务管理领域逐渐形成一系列新技术和新方法，也同时促使财务管理服务模式产生变化，财务管理逐步开始向信息化转变。

建立财务管理信息化制度，网络信息环境、统一的财务制度和财务信息平台必不可少。首先，完善企业的网络信息环境，除了要考虑企业内部的情况、外部环境的改变，也要关注人力资源、行业特点、国家政策等因素，还要参考一些主要门户网站的建设情况。其次，建立统一的财务管理制度，减少分（子）公司或部门违规操作的可能性，提高对资金管控的效率，从而保证资金安全，促进资金良性循环。最后，大数据时代的财务管理需要尽快解决业务信息与财务信息的高度集成及依托精确的信息处理平台进行分析和决策的问题。因此，在企业内部可以设置一个财务信息平台，将企业的财务发展和战略决策全部纳入信息平台中，以便为企业管理层提供及时可靠的信息。

（二）财务管理可视化转变

信息爆炸时代，数据量庞大而复杂，这对数据分析、解读和呈现提出了更高的要求。经过可视化处理后，数据信息之美能够得到直观、高效、充分、完美的呈现。信息技术的发展为数据可视化提供了条件，也为创新财务管理中数据信息的呈现方式提供了新的方向。

要充分发挥数据可视化对管理决策的信息支持功能，首先，需要转变管理思路，推动财务管理职能的适当转型。长期以来，企业财务管理职能主要定位于财务会计功能，

通过确认、计量、记录、报告的程序，努力为相关者提供决策所需的财务信息；管理会计虽然不断被提及，然而在企业管理中的实际应用的范围较窄、层次较低，目前仍处于探索推进的阶段。大数据时代，亟须将管理会计提升到与财务会计同等重要的角色，甚至应当真正实现财务管理职能从财务会计向管理会计拓展延伸。其次，培养专业化的数据管理人才团队。大数据时代，数据科学将成为一门新兴的学科，数据分析师将成为一项热门职业，作为经常与数据打交道的企业财务部门更应当主动培养、建立适应新形势的专业人才团队，为企业挖掘数据资源价值提供人才保障。最后，重视财务人员跨专业知识整合、协作应用能力的培养。新时期的会计将真正体现为一门科学、技术、艺术相结合的专业门类，财务人员不仅需要掌握会计学、财务管理方面的专业知识，还需要对统计学、计算机科学、设计学、传播学等方面的知识有一定的积累，集各专业之长，为提高数据可视化的应用水平提供广泛的专业知识支持。

大数据时代的出现，引发一系列发展变革。大数据技术的飞速发展，使得财务管理在理论层面和应用层面都迎来了新的发展契机。本文先从信息共享、管理层重视和技术环境改善三个角度阐述了大数据时代助力财务管理发展，随后对财务管理的发展变化进行分析，认为财务管理不断地向信息化和可视化转变。随着大数据技术的发展应用，财务管理能够更有效地提高经营效率。进一步的研究可以将重点放在大数据背景下财务管理指标体系的具体建立上，综合大数据技术进行规划。

第三节　大数据背景下财务管理决策的影响

今天我们生活在一个信息爆炸的时代，大数据技术能够以更低的成本、更高的效率应对和处理海量的信息，因而在各个学科和生产制造领域都得到了快速的推广和应用。企业财务决策的效率和质量在很大程度上取决于对数据的取得、加工、分析和反馈能力，能否利用大数据和云计算技术提高企业的财务管理水平，将成为企业未来发展的方向和关键。因此，研究大数据对企业财务管理工作的影响已成为当今社会普遍关注的热点问题，具有重要的理论意义和现实价值。

一、大数据对财务管理决策的影响

大数据是数据分析方向的前沿技术，社会的信息化发展产生了纷繁复杂的海量数据，通过大数据技术，人们能够以更低的成本、更加快捷的方式从不同类型和结构的巨量数据中提取有价值的信息。

大数据通常有以下几个特点：第一，数据量巨大，处理的数据量从 TB 级向 PB 级提升；第二，数据类型多样化，从传统的结构化数据延伸到诸如图片、报表、音频和视频等多种形式的半结构化和非结构化数据；第三，快速响应，随着算法的优化和数据建模领域的技术突破，能够做到海量数据的实时处理；第四，高价值性，通过降维、数据挖掘等技术，大数据能够探寻并揭示数据背后的关联性，因而具有较高的商业价值。

大数据的研究已经推广到了医疗、金融、交通等各领域。政府部门也在重视大数据技术的应用和发展，"十三五"规划纲要中就提出，要深化大数据在各行业的创新应用，探索大数据与传统产业协同发展的新业态和新模式，要加快海量数据采集、存储、清洗、分析发掘、可视化、安全与隐私保护等领域关键技术的发展。

互联网数据中心的"数字宇宙"报告显示，全世界的数据量正在大规模增长。面对庞大的数据洪流，传统的企业财务管理越来越无法满足现代企业管理需求。

随着政府、企业、公众间数据的不断开放，财务工作者利用大数据技术可以从多种渠道获取更为可靠的数据信息。如何将财务管理与大数据技术进行融合，跨越单纯的财务数据，挖掘财务和非财务数据背后的关联关系，以科学的方法进行分析预测，让数字开口说话，降低对主观判断的依赖，进行精准的财务分析与决策，成为企业在激烈的市场竞争中获取竞争优势的关键。

二、大数据对环境分析的影响

分析企业所处的内、外部环境是财务决策的起点，在经济呈现全球化、多元化发展的今天，企业进行财务决策所需要的支撑数据已经不能仅着眼于单纯的内部财会数据，更需要将系统中所有利益相关者的全部信息都纳入考虑。传统的统计数据主要来源于国家统计部门和企业内部经营记录，数据源较为单一，对社会、文化、生活消费习惯等数据无法实现精准收集，且更新速度较慢。借助大数据和云计算技术，一方面，企业可以统揽总公司和各子公司的结构化数据、半结构化数据和非结构化数据信息；另一方面，企业可以从外部，诸如新闻媒体、工商管理部门、税务部门、律师事务所、会计师事务所、银行、咨询机构和证券交易所等机构获取各种与财务决策相关的数据。

在数据广泛收集的基础上，财务工作者可以利用大数据技术通过对海量的内外部数据进行筛选、清洗、转换和整合，从纵向的时间序列和横向的面板序列进行分析，充分了解企业当前的生存环境；也可以利用云计算数据实时更新、储存、传递的功能，应用事务间的相关性分析，捕捉现在和预测未来的趋势变化。例如，财务工作者可以通过对企业的客户和供应商的接口数据分析预测企业未来的销售额和库存；通过消费者在网站的点击量、检索字眼了解产品需求的变化。传统的财务决策系统、Excel、WPS等办公软件对于收集和处理如此庞大的数据十分乏力，大数据为企业制定战略规划和制定财务决策提供更加准确和完整的基础支撑，从而可以实现战略目标在不同地域分布的总公司、各子公司之间的一体化设计，促进公司内部的联动和配合，提升企业整体的运营效率。

三、大数据对指标核算的影响

正确、高效的财务决策在很大程度上取决于所依据指标的核算是否准确、公允，大数据对企业的日常经营管理中指标核算的影响主要体现在以下几个方面。

（一）全面性

过去数据的记录、储存、分析和处理手段较为落后，难以对总体数据进行检验分析，因此传统的财务决策方法是以抽样取得的数据特征来推断总体的特征。在大数据背景下，随着互联网和云计算等数据技术手段得到更加广泛的应用，可记录、储存的数据越来越多，越来越便捷，人们处理数据的能力也随着算法的升级得到显著提高，掌握总体的性质和特征将不再依赖于抽取样本数据的质量，通过大数据技术在收集几乎全部的数据基础上进行的总体性分析，可以回避抽样误差，帮助财务工作者更加全面准确地判断和决策。

（二）中立性

在企业全面预算管理、投资融资决策、成本费用控制等财务管理工作中，经营管理者往往难以准确确定公允价值、折现率等指标。例如在金融资产估值、投资项目比较时，需要广泛收集公开市场的报价，尽可能详细地预测未来现金流量和最终处置费用；在确定折现率时需要估计风险调整，这些数据的确定在很大程度上依靠财务人员的主观判断，而折现率出现在分母上，细小的变动也会在很大程度上影响最终的决策。大数据为会计估计、职业判断等内容的确定带来了新的思路和方法，可以帮助财务工作者更加方便快捷地获取整体市场信息，了解市场最新动态，排除主观判断部分的干扰，更加准确地确定公允价值、折现率等指标，从而保证决策更为科学和合理。

（三）可靠性

通过大数据技术中的人工智能和深度学习，企业可以建立数学模型来探寻数据之间的关联关系。

在成本管理中，大数据技术可以辅助财务工作者更加精准地控制库存数量，按照业务实质客观地分配生产成本和费用，从传统财务会计核算转变为资源驱动作业、作业驱动价值的管理会计核算，根据更加可靠精准的数据基础来识别判断企业价值创造的动因和增长过程，引导企业管理者从规模管理转向价值管理，以提升企业价值为目标进行财务决策。

在销售管理中，大数据技术可以帮助企业识别高价值客户，分析客户违约概率，降低贸易中的信用风险。

（四）时效性

企业传统的财务管理方式较为依赖顶层设计，靠自上而下的方式在企业内部层层传播。例如预算计划的编制和风险管理工作的布置，当企业层级较多、规模较大时，大大降低了信息传递的时效性和准确性，进而降低了财务决策的应用价值。通过大数据技术，企业对财务管理流程中的每个节点都可以实现实时的观测和反馈，使预算管理和风险控制贯穿于企业经营活动的始终，通过这种动态调整可以提高企业事前防范、事中化解风险的能力，降低事后承担的压力，防止预算管理失效、流于形式。

四、大数据对决策思维的影响

随着人们对算法的优化和对数据挖掘技术的开发，数据利用的方式和方法也将发生根本性的改变，财务工作者需要转换思维来建立正确的财务决策方法。

（一）从总体出发

传统决策方法更多的是依赖于企业管理者多年积累的经验及丰富的管理理念，企业管理者在面临海量、烦琐的财务数据资源时，一旦外界环境发生变化，管理者没有充足的时间应对，可能会以偏概全，使其无法准确地挖掘数据背后蕴藏的价值，无法探究问题的真正本质，对财务数据的判断有失精准，进而影响决策的真实准确性，导致企业无法按既定策略实现价值。在大数据背景下，获取几乎全部的数据成为可能，财务工作者在制定财务决策时，可以使用总体分析来替代抽样分析，企业可以从来源于工商管理部门的数据中分析政府监管信息，从来源于税务部门的数据中分析纳税信息，从来源于企业内部的经营数据中分析财务信息，从来源于会计师事务所的数据中分析审计信息等，在全面数据分析的基础上，根据企业预算管理、筹资决策、投资决策、收入决策、定价决策、生产决策、成本费用决策等不同的决策需要，形成多层次的决策方案。

（二）从时效出发

在传统的财务决策中，财务工作者追求数据的精确性，因为可获取的样本数量有限，如果根据不精确的样本去推断总体的性质特征，就会偏离真相，做出错误的决策。但是一味地苛求样本储存记录的准确，会给会计人员带来繁重的数据筛选复核工作量，不能保证财务决策的及时性，滞后的财务信息虽然准确，却可能带来没有价值的分析决策结果。大数据的普及应用与云计算功能的结合，可以在相当程度上排除错误数据的"噪声"干扰，这对财务工作者依赖结构化数据精确性的传统思维带来了变革。面对需要快速反应的事件，如股票、汇率价格的波动预测时，财务工作者需要采用容错率思维，追求模糊的正确而非精确的错误。大数据的实时分析功能可以快速得出结论并预测趋势，为企业财务决策及时提供参考依据，大幅度提升财务决策的效率和质量。

（三）从关联关系出发

企业的财务决策离不开各种财务数据和非财务数据之间的相关性分析，传统的财务决策方式不可避免地在一定程度上依赖职业经验判断，由于信息不对称及代理成本的存在，给决策者谋取私利制造了空间。利用大数据技术和分析手段，人们能够获取、转换、加工处理与企业财务决策相关的各种结构化、半结构化以及非结构化的企业财务数据和非财务业务数据，并且找出数据之间的关联关系，为企业制定科学合理的财务决策提供支撑。因此，在大数据背景下，财务工作者需要应用相关性分析深入了解和认识社会经济现象，归纳、分析数据之间的联动特征，挖掘隐含在数据关联关系背后的巨大商业价值。同时，通过将各种类型的数据有机融合起来，剖析其中蕴含的财务与业务关系，让数字开口说话，可以降低人为调控、盈余操纵等舞弊行为，从而保证企业财务决策的科学性和严谨性。

五、大数据对评价反馈的影响

企业的业绩考核和信息披露是评价企业财务决策成功与否的重要途径，在传统的财务管理模式中，人们主要是通过"四表一注"（即资产负债表、利润表、所有者权益变动表、现金流量表、财务报表附注）来评价和反馈企业经营状况，对非财务信息的反映不够充分，面对不同的监管部门，不同报送主体的数据提供口径可能出现不一致，削弱企业的公信力。如今在云计算的帮助下，利用大数据技术可以打通企业内部财务部门与非财务部门、企业与上下游企业等组织的边界，将海量的零散信息连接成信息网络，实现总公司和各级子公司、企业内部与外部的数据口径一致性，解决"信息孤岛"问题。在大数据背景下，财务工作者一方面需要提高信息披露质量，从而提升公众对企业的信心，获得更多的投资者支持；另一方面需要将非财务信息，如消费者忠诚度、重复购买率等指标纳入考核范围，更加公正地识别财务决策的效果，据此完善奖惩制度和激励措施，推动企业的良性发展。

六、建议

大数据技术使企业的数据搜集和分析决策工作产生了新的变化，传统财务分析模式存在数据采集单一、提供的财务分析结果单一及具有滞后性的缺陷。大数据信息云处理平台的构建使得企业对数据的处理水平上了一个新的台阶，具有实时处理、响应速度快等特点，这同时也对财务工作者的基础素质、财务管理水平提出了更高的要求。财务工作者需要从企业自身情况出发，借助大数据技术构建完善的财务管理体系，以更好地面对激烈的市场竞争，抓住大数据背景下的发展机遇，在更加严峻的国际形势下走得更好、更远。笔者针对大数据背景下财务管理工作提出以下建议，希望能够为企业的财务管理决策工作提供借鉴和指导。

（一）转变思维方式

大数据背景下，采用会计电算化数据信息处理方法，将重心放在核算、记录、存储等方面已无法应对信息化发展的需要。财务工作者不仅需要关注企业内部，也需要与企业外部利益相关者进行良好的沟通，关注企业所处的市场经济大环境。基于这种变革，财务人员更需要放眼全局，在企业财务决策过程中，不再关注问题之间的逻辑因果关系，而是注重探寻各数据与各财务指标之间存在的各种相关联系；无须深究每一个数据的精确性，而要注重把握住总体特征和基本趋势，追求数据的及时性和利用率。通过全面考虑企业整体运营相关的财务数据与非财务数据，分析各孤立的数据之间存在的关联关系，达到对企业的绩效考核、成本费用控制、风险管理、资源整合配置等各个流程全盘把控的目的，保证企业的高效运行。

（二）加强信息化建设

有效的分析决策往往需要建立在大量的数据挖掘、分析和处理的基础上，大数据对企业财务管理软件的标准提出了更高的要求。对于大部分企业来说，企业电算化只是从手工做账转变为计算机做账，真正基于财务数据及非财务数据进行分析应用的电算化平台却很少实际落地到企业日常生产经营活动中。不少企业的财务管理信息系统落后，甚至都没有配备基本的财务管理软件，或者配备的软件不能及时更新升级，影响企业的信息共享，导致企业的财务信息处理效率很低，影响企业的整体经营水平。因此，面对数据类型日益增多、数据结构方式日趋复杂的企业数据，在资金实力允许的情况下，建议企业研究开发适合自身的财会系统软件，建立大数据共享处理平台，以更低的成本和更有效率的方式搜集、存储、分析和处理不同结构和类型的数据，并获取具有决策价值的相关信息，同时不断完善信息化决策机制，提升企业财务决策的准确性及运营效率。

（三）培养人才队伍

大数据技术需要具有专业数据处理能力的技术人才。目前，我国企业大部分数据分析处理技术水平较低，而计算机数据算法领域的专业人才往往不了解财务基础知识，财务管理中高水平的专业技术人才匮乏限制了企业数据技术的应用，使得财务管理的大数据分析应用技术无法充分发挥和熟练应用。因此，建议企业加大资金投入，聘请对大数据和财务领域了解透彻、运用能力强的专业人员加入本单位工作，同时指导并定期组织有关这方面诉求的财务工作者学习相关大数据知识，让财务工作职能从过去的财务会计报表分析转变为高层次的预算管理、风险预测和数据分析，使财务工作人员具备一定的数理应用常识，能够从海量信息中提取高价值的内容并进行分析和预测，促进财务人员和企业在业务能力上的共赢发展。

第四节　大数据背景下的企业财务信息管理

现代移动互联网及科学技术的进步，促进了大数据信息技术的发展。在信息时代背景下，企业之间的竞争体现为核心技术及人力资本的竞争。财务信息管理是企业优化内部财务管理的过程。现代企业必须结合大数据背景下的要求，不断地优化信息技术手段，建设完善的财务信息管理体系，优化并创新内部财务信息管理方法及模式，全面提高内部财务数据的客观性与真实性。企业内部财务人员要树立科学的管理理念，加强自身信息素养建设，采用现代化的技术手段，提高内部财务信息管理的科学性。

在新的时代背景下，传统的财务电算化管理信息系统已经无法满足现代企业的发展需求。"大数据"自被提出至今，逐步在人们的日常生活中扮演着重要的角色，大数据分析工具为企业提供了准确的数据信息，为企业管理层进行科学决策奠定了基础，优化了企业内部管理模式。现代企业管理优化追求企业内部控制机制的建设与完善，现代企业注重财务信息的整合，以实现其追求经济利益的发展目标。现代企业管理信息化平台建设在提高财务管理整体水平等方面具有重要的意义，可以实现企业内部资源的优化配置。大数据背景下的企业财务管理与传统的管理模式存在显著的差异，先进的信息技术手段及管理工具应用促进了企业财务信息化管理体系的建设，为企业的可持续发展提供了保障。企业财务信息是企业经营发展的主要依据，需要企业财务管理部门加强重视。在现代化管理模式下，企业财务信息管理亟须创新管理模式，适应大数据背景下的发展需求，推进企业财务信息管理现代化建设，为企业的可持续发展奠定基础。

一、企业财务信息管理概述

（一）企业财务信息管理的内涵

企业的财务管理部门收集、加工、报告信息的各种活动称为财务信息管理。在经济全球化及信息化的时代背景下，企业借助现代化的信息管理技术及手段，将现代科学技术应用于财务管理的各个环节。简单而言，企业借助现代计算机网络系统及技术，提升财务管理的效率与质量，提高财务信息收集、加工处理的过程便是财务信息管理。

完善的制度体系是管理实践得以顺利实施的前提与基础，企业财务信息管理首先要建设完善的制度保证体系和财务报送体系，对企业运营中的各项财务指标、信息报送期限及指标统计时间等进行详细的说明。财务信息管理要设计完善的财务信息指标汇总表，实现传统财务会计向现代化管理会计的转变。大数据背景下的财务信息管理要注重信息环境的建设，加强企业内部局域网建设，采用现代化的办公软件。企业要加强内部制度体系建设及人力资源管理体系建设，提高内部管理控制的能力及水平。

（二）企业财务信息管理的功能

首先，企业财务信息管理具有价值管理的功能。财务信息化管理明确了内部管理对企业价值的驱动作用，明确了实施管理的最终目标，通过标准化的管理理念及管理模式为企业发展创造各种价值。

其次，企业财务信息管理具有实现内部治理的功能。企业借助不完全契约管理的实践及代理问题管理实践活动，可以帮助企业优化内外部管理，在提高现代企业财务管理的整体水平等方面具有重要的意义，可以实现企业内部资源的优化配置。

二、大数据背景下企业财务信息管理的措施

（一）管理层要树立科学的认识

企业要借助一定的信息技术手段及工具，实现企业内部财务数据的整合、企业内部业务的优化及内部员工管理的有机结合，提高内部决策的科学性，促进企业的科学化发展。企业要加强高层管理者对信息化建设的认识及学习，帮助管理层树立科学的认识，引导其逐步了解信息化建设的重要意义及主要方法。新的财务管理模式及理念要求内部管理人员及基层员工具有较强的工作能力，因此，财务信息化建设可以有效地促使高层管理者及基层员工提高自身的综合素质，提高业务能力及水平，为企业未来的可持续发展奠定基础。

（二）注重财务信息管理人才的培养

在新的时代背景下，大数据技术将企业的研发、生产、销售、财务等板块有效结合起来，对于企业而言，财务信息管理人才是其生产与发展的第一要素。大数据背景下的企业财务信息管理要注重财务信息管理人才的培养，企业要促进内部各部门之间的均衡发展，采用内部提拔及外部招聘的方式，优化财务管理人才结构，重点培养具有较高信息素养的财务信息管理人才。公司要加强内部财务信息管理人才的培训与管理工作，强化相关人才信息化管理知识的学习，增强财务信息管理人才的技术能力及知识储备。公司内部要建设完善的交流沟通机制，通过内部财务人员的交流，实现内部经验的共享，促进整体工作人员素质的提升，同时为财务信息管理人员工作的开展营造良好的氛围。

企业要提高内部财务信息管理人员的综合业务能力及水平，内部财务信息管理工作人员要积极向同行学习，在交流与借鉴的过程中提高自身的综合素质及业务能力。企业要建设完善的财务部门员工培训机制，定期组织员工进行学习，将员工考核与绩效挂钩。企业内部新员工与老员工之间要积极合作。在大数据背景下，数据信息的量化要求相关工作人员的综合素质相应提高，这就要求各部门之间要相互合作，提高工作质量及效率。

（三）建设完善的财务信息管理体系

企业要建设完善的财务信息管理体系，高效地整合、分析并输出企业内部信息，同时，企业要制定财务信息管理监督机制，要集中采用行业统一的财务信息处理软件，提高财务信息管理人员的信息处理及整合能力。大数据背景下，企业财务信息管理要借助现代化的信息技术手段，充分挖掘并利用财务信息，为企业的科学决策提供基础。

随着时代的进步，现代企业财务管理要改变传统的管理模式及思维，企业要通过建设财务信息网络化管理平台，利用先进的技术软件及硬件设备，为企业内部财务管理工作的科学化开展奠定基础，提高财务数据的真实性，以及企业内部控制的总体水平。企业要利用现代网络防护技术、电子加密技术及信息隔离技术提高财务信息管理的安全性，为管理层科学决策提供数据及信息依据，提高企业战略目标的实效性，为实现可持续发展战略目

标奠定基础。企业财务信息管理同时要注重成本管理,通过节约人力资源成本及管理费用,以及内外部信息的共享,降低信息收集的人工成本,提高内部财务信息管理的科学性。

(四)注重财务信息管理模式的创新

财务信息是企业决策的重要依据,具有一定的反馈机制及预测价值。传统的企业财务信息管理主要是在企业具体业务活动发生以后,经过相关人员进行会计成本核算及财务管理加工而得到相关的信息。大数据背景下,现代企业的财务信息化管理主要实施统一化的管理,企业信息获取的渠道逐步拓展。在现代化的企业管理运行模式下,企业的财务信息生成效率更高,财务信息在企业财务预警及预算控制等方面的作用显著,实现了企业内部财务控制及防范。在知识经济背景下,人力资本及科学技术是企业发展的主要动力,采集信息在预测行业发展及企业未来发展趋势等方面具有显著的作用。大数据背景下的企业财务信息管理要摆脱传统的成本管理理念限制,采取多样化的管理模式及手段,以图表、文字、定性与定量相结合等方式,优化企业的财务报告信息。企业财务信息管理创新还要注重信息表达方式的创新,采取人性化的信息表达方式,为企业发展提供简便的财务信息数据。

第五节　大数据背景下的企业财务精细化管理

在现代信息技术快速发展的背景下,人们已经进入大数据时代。大数据背景对企业的财务管理提出了更高的要求,促使企业朝着数字化、信息化的方向发展。通过将精细化的管理策略合理地应用到企业的财务管理中,明确财务管理的核心内容,有利于推动现代企业朝着可持续性的方向发展。本节通过具体论述大数据背景下企业财务精细化管理的策略,为提升企业的财务管理水平提供可参考的资料。

在企业不断发展的过程中,以往所采取的财务管理方法已经无法满足现代市场经济的细分要求,所以要求企业必须改变以往所采取的粗犷式管理方法,合理地将精细化管理策略应用到企业的发展过程中。其中,大数据能够从企业海量的财务信息中整合出有价值的信息,从而为企业的管理层制定决策提供更多的信息数据,有效增强企业的竞争力,促使企业更加稳定、健康地发展。

一、树立精细化管理思想,正确认识财务管理的重要性

在现代市场经济快速发展的背景下,整个市场的竞争不断加剧,让各企业之间的竞争越来越激烈,所以各企业为了能够在竞争激烈的市场环境中占据优势地位,更需要充分认识到财务管理的重要性,树立精细化的财务管理思想。由于我国的财务管理理念实施的时间较晚,所以大部分企业的管理层片面地认为财务管理就是传统的记账,尚未将企业的发

展与财务管理联系起来，导致部分企业在财务管理方面存在严重的片面性。这样难以将财务管理的效能充分发挥出来，不利于企业稳定发展。尤其是在现代大数据背景下，企业必须及时更新财务管理概念，将精细化管理思想合理地融入企业的财务管理中，提出与企业发展相符合的财务管理方式，逐步将以往的传统记账式管理转变为全过程动态管理，切实增强企业财务管理的效能，以便能够为企业在市场经济中稳步发展提供可参考的资料。

二、建立完善的财务管理制度，保障精细化管理思想落到实处

在大数据背景下，为了保证企业财务精细化管理的水平，便需要制定完善的财务管理制度，保障精细化管理理念落到实处。其中，建立完善的财务管理制度主要包括下面四个方面：一是需要严格把控企业发展过程中各项费用的支出制度。积极做好各项费用的支出预算计划，每一项经费在支出时都必须根据企业所提出的财务预算申报要求，逐级向上级进行报告，明确要求管理层严格进行审批。二是构建大额费用审批制度。企业在发展中所支出的每一笔大额费用都必须在费用预算范围之内，并事先就费用支出情况进行立项申报。规范特殊事项的开展流程，待经过企业管理层的集体批准之后再支出相关的使用经费。三是建立完善的财务内部审计制度。企业在发展过程中各事项的财务管理情况都需要由内部进行申请，甚至还可以聘请第三方来进行审计监督，一旦发现违规甚至是不合理的事项便需要及时进行惩处和纠正。四是构建全面的责任归属和问责制度。通过对企业发展过程中所发现的违规低效项目，不但应该对直接责任人进行问责，而且还需要对相关的管理工作者一并问责，采取自上而下的形式，有效提升企业财务管理的水平，最大限度地降低企业在发展中所出现的违规事件。

在企业财务管理制度中，除了包括上述几个方面的内容，还需要对企业在发展过程中的网络环境进行评测，规范企业内部各职能部门管理系统的信息收集、信息整理，合理地将企业的财务管理数据信息与业务数据信息统筹整合起来，并对财务数据处理进行优化，逐步将繁杂的财务信息转变为精简的企业发展战略决策。这样实施完善的财务管理制度，能够有效地降低企业在不断发展的过程中各职能部门发生违规事项的概率，强化企业内部资金管理效率，从而推动现代企业更加快速地向前发展。

三、加强企业财务精细化管理人才队伍建设，提升财务管理人员水平

作为维系社会发展的核心力量，企业的财务管理精细化需基于专业人才的支撑，方能达成理想的工作成效。对此，为切实维护企业财务管理工作的有序开展，必然要对人才的培养及引进给予高度重视。而财务人员本身应当具备良好的学习意识，继而在实际工作过程中通过不断学习来充实自身，以对精细化管理的理念及原则有一个较为全面、深刻的认

知，为企业财务的精细化管理提供有力支撑。当然，企业也须对财务管理工作的开展给予高度重视，从而提高企业财务管理工作开展的有效性，关键仍是要加大对此方面的学习。企业可邀请此方面的专家到企业进行巡视，并开展诸如座谈、演讲一类的活动，以切实深化企业财务管理人员的精细化管理意识，在促进企业的财务管理逐步往精细化的方向发展的同时，切实维护企业的发展稳定与和谐。

总之，当代企业实施精细化管理已成为时代发展的必然需求。精细化管理思想在企业中的运用不局限于财务部门，其他各部门也应对此加以合理应用，如此方能切实促进企业整体的有效发展。

第六节　大数据背景下的集团企业财务管理转型

为促进大数据背景下集团企业财务管理转型，本节联系大数据背景下集团企业财务管理转型过程中存在的财务管理理念缺失、技术难度有所上升、财务管理的软硬件设施缺乏、财务管理机制不完善、财务管理技术型人才缺乏等问题，提出通过转变财务管理思维和理念、创新财务管理方法、加强财务管理的信息化建设、构建财务云会计大数据管理系统、构建综合型财务管理人才队伍，为财务管理转型创造良好环境，从而促进集团企业顺利完成财务管理转型。

一、存在的问题

（一）财务管理理念缺失

财务管理理念缺失，不利于大数据背景下集团企业财务管理转型，关于集团企业财务管理理念缺失，主要可总结为两点：第一，对大数据认识不足，在开展集团企业财务管理工作时，多重视财务核算、记录等工作，忽略了大数据技术支持下行业信息、市场信息的收集、分析及处理，忽略了行业信息、市场信息与财务管理的结合；第二，大数据背景下集团企业财务管理的职能应当由原本的"核算"转变为"决策"，相对应的，集团企业财务管理理念也应当做出从"核算"到"决策"的转变，然而结合实际情况来看，集团企业在开展财务管理工作时，仍旧只停留在"核算"层面，无法为集团企业发展提供决策参考。

（二）技术难度有所上升

在大数据背景下，集团企业财务管理的技术难度有所提升，导致该问题的原因主要如下：大数据背景下集团企业接触到的信息有杂乱、庞大等特点，要想在数不清的信息中准确找到集团企业需要的信息极其困难，随着大数据背景下集团企业信息化程度加深，集团企业在财务管理技术方面将面临更为严峻的考验，若找到的信息不够精准，集团企业财务管理工作很可能无法取得较好的成效。

（三）财务管理的软硬件设施缺乏

关于财务管理的软硬件设施缺乏，主要可总结为三点：第一，集团企业在财务管理转型过程中，缺乏先进的、可满足大数据背景下财务管理工作开展需求的财务管理信息系统；第二，集团企业财务管理人员缺乏在大数据背景下开展集团企业财务管理的实力；第三，集团企业在财务管理转型过程中，缺乏相应工作软件的支持。

（四）财务管理机制不完善

财务管理机制不完善，在一定程度上阻碍了集团企业财务管理转型，随着大数据时代的来临，集团企业在经营发展过程中需要处理的信息数据呈指数增长，对财务部门而言，若不寻找更加高效、省事的信息数据处理办法，财务部门将无法正常运转并满足集团企业的发展需要。

（五）财务管理技术型人才缺乏

在大数据背景下，财务管理技术型人才缺乏，在一定程度上对集团企业财务管理转型产生了阻碍。关于财务管理技术型人才缺乏，主要可总结为以下两点：第一，我国大数据技术应用年限较短，专业的数据处理技术人才极其缺乏。例如，大数据背景下集团企业财务管理数据形式发生转型（如从"纸面数据"转型为"网络页面数据"、从"磁盘数据"转型为"网络页面数据"），集团企业传统财务管理系统在很多时候不能适应这种数据形式的转变，需专业技术人才介入进行财务管理系统升级，而我国恰好缺乏相应的专业人才。第二，财务人员的职能发生转型，从"财务会计"转型为"预算管理与数据分析"，结合实际来看，目前仍有许多财务人员并未适应这种转变，缺乏开展预算管理与数据分析的能力。

二、转型办法

（一）转变财务管理思维和理念

关于转变财务管理思维和理念，有以下两点建议：第一，集团企业可将大数据概念、大数据应用等内容注入财务管理人员选拔及培训过程，以此来提高集团内部财务管理人员对大数据的认识，从而促进财务管理思维和理念的转变；第二，集团企业将信息化技术切实应用于自身财务管理，以此促进财务管理思维和理念转变。例如，借助信息化技术实现大量财务数据分析与处理，并将分析与处理结果作为集团企业决策参考信息之一，或者在信息技术的帮助下收集市场信息，将市场信息与财务数据结合起来进行分析，然后根据分析结果制订集团企业的经营方案，通过这些实践应用加快相关人员的财务管理思维转变以及理念转变。

（二）创新财务管理方法

创新财务管理方法是大数据背景下促进集团企业财务管理转型的办法之一，关于创新财务管理方法，主要可从以下两个方面入手：第一，大数据背景下借助先进信息技术促进财务信息与业务信息融合，令集团企业经营策略更符合市场情况；第二，提高数据化手段在集团企业财务管理中的运用。例如，集团企业在开展成本控制工作时，可借助数据化手段对成本控制过程中产生的数据展开深入分析，并对成本控制工作展开跟踪监查，从而促进集团企业成本控制目标达成。

（三）加强财务管理的信息化建设

加强财务管理的信息化建设是大数据背景下促进集团企业财务管理转型的办法之一，做法如下：第一，集团企业应在已有财务管理系统的基础上，对系统进行进一步完善，添加具有大数据时代特色的模块（如添加市场信息采集与处理模块），以此来促进集团企业财务管理转型；第二，构建并完善财务管理信息化制度，以此来适应大数据背景下数据杂乱、数据量庞大的情况，为财务管理转型提供相关制度保障；第三，集团企业需加快信息共享与统一管理的脚步，避免因子公司独立经营导致信息传递不畅，从而引发集团企业财务风险的问题。

（四）构建财务云会计大数据管理系统

构建财务云会计大数据管理系统是大数据背景下促进集团企业财务管理转型的办法之一，在构建过程中主要有以下四点需要注意：第一，建立配套制度，为财务云会计大数据管理系统的建设提供制度保障；第二，集团企业需引入先进硬件设施基础，为财务云会计大数据管理系统的构建创造良好条件；第三，通过硬件与软件相结合的方式，实现集团企业内部数据、外部数据的生成和采集；第四，构建集团企业财务大数据挖掘平台，集信息生成、信息反馈、信息处理于一体，帮助集团企业快速实现有价值信息利用。

（五）构建综合型财务管理人才队伍

构建综合型财务管理人才队伍是大数据背景下促进集团企业财务管理转型的办法之一。关于构建综合型财务管理人才队伍，可采取以下做法：第一，集团企业在开展综合型财务管理人才培训工作时，培训方案的设计必须联系大数据背景，将大数据相关知识融入培训内容当中（如培训内容应当包括升级后的财务管理系统的使用方法），以此丰富财务管理人才的知识结构体系；第二，集团企业可考虑引入优秀的、专业的数据处理技术人才，不断地优化自身的财务管理软件设施，为集团企业的发展助力。

综上所述，在全球经济化、大数据技术应用广泛的背景下，集团企业要想在激烈的市场竞争中胜出，就必须加快财务管理转型的脚步，关注财务管理转型过程中存在的问题，加强大数据技术应用，通过转变财务管理思维和理念、创新财务管理方法、加强财务管理的信息化建设、构建财务云会计大数据管理系统、构建综合型财务管理人才队伍等做法，促进财务管理转型，提高集团企业财务管理的效率与质量，为集团企业发展注入更多活力。

第七节　大数据背景下的小微企业财务管理

随着信息技术的不断发展，云计算和物联网技术被应用到各行各业中，市场竞争也越来越激烈。在大数据背景下，我国小微企业遇到了新的发展机遇，但也面临着诸多挑战。传统的企业财务管理模式已经不能适应大数据背景下的要求，如何利用大数据的先进技术来促进小微企业财务管理模式的创新与发展，使小微企业在激烈的市场竞争中处于优势地位，已成为一个共同关注的问题。

大数据即大量的数据资料，是指运用计算机网络产生的海量的、混杂的、结构复杂的数据，而这些数据资料无法运用当前的软件进行整理，其处理与应用是以云计算为基础，并通过数据相关关系分析法来最终实现对事物的预测和价值服务。

大数据背景下对数据的计算单位最低从 PB（1000 TB）开始，还有 EB、ZB，并且还在快速增长。全球的数据量每年的增长速度极快，未来的增长速度将更快，数据量将会越来越大。

大数据的来源不局限于传统的关系型数据库，还有社交网络、在线交易、通话记录、传感设备、社交媒体论坛、搜索引擎等。格式类型也多种多样，包含文字、音频、图片、视频等，数据在这些多样的格式上进行转换、保存、记录、运用，多样的格式也导致数据有不同的结构。

大数据的信息量大、类型多样，但是在这些数据中，价值高的信息较少，即价值密度低，这对于大数据技术来说也是一个挑战，需要从庞大的数据网中深入挖掘和提炼，并进行处理，才能有效利用。

一、小微企业财务管理的外部环境及内部管理存在的问题

在大数据背景下，我国小微企业在财务管理方面存在财务管理意识薄弱、财务管理水平层次低、共享性差、财务管理风险意识低等问题，使得小微企业在激烈的市场竞争中面临诸多困难。下面针对小微企业财务管理存在的问题进行分析。

（一）外部环境

小微企业经营规模小，资金不足，但随着企业的不断发展，必须要扩大生产规模，这就需要更多资金的支持。而企业的经营规模达不到银行等融资机构的融资要求，很难筹到资金。同时，小微企业还存在信用度低的现象，在经营中不重视企业信用等级，只关注企业的生产。银行向企业贷款的主要目的是盈利，而小微企业的固定资产抵押较少，资金的流动性大，因此银行会特别慎重。

（二）内部管理存在的问题

1. 财务管理意识薄弱

目前，很多企业还采用传统的管理模式，在内部没有制定合理的管理标准，导致信息使用者对财务信息化管理认识不清晰，对大数据背景下的财务管理理念不熟悉，不能很好地适应大数据背景下的财务管理技术，缺乏运用大数据信息化手段分析处理企业数据的意识，使小微企业不能紧跟时代步伐快速发展。在实践活动中，有的小微企业的管理意识薄弱、管理能力差，对企业的资产评估不准确，会导致成本增加、利润不足，影响企业的正常发展。因此，企业的财务管理意识反作用于企业的财务经济发展。

2. 财务管理水平层次低，共享性差

由于小微企业自身规模较小，薪资和发展空间都不能满足专业财务人员的需求，因此人们在择业时很少会选择小微企业，导致小微企业缺少专业财务人员。现有财务人员的基本操作能力、业务技能、政治素质达不到企业的要求，而且小微企业还存在信息共享性差的问题，即财务部门与其他部门分离，各部门之间信息封闭，导致企业财务管理的效率极低。

3. 财务管理风险意识低

计算机网络技术的发展，给企业经营活动提供了很大的便利，但也使企业的经营和发展面临着挑战和风险，包括投资风险、筹资风险、资金运营风险、利益分配风险。在大数据背景下，对企业财务数据信息的处理分析能力和风险控制能力的要求越来越高，而小微企业的风险意识较低，未实现企业内外部信息共享。如果企业内部信息与外部信息不一致，将会面临严重的资金运营风险。

二、大数据对小微企业财务管理的影响

大数据技术是企业财务管理方面的先导技术，能推动企业进行改革创新，特别是对企业财务管理方面有重要影响：更新了企业管理者的管理理念，提升了企业的财务管理能力，推动了企业由传统的财务管理模式向大数据迈进。

（一）大数据技术提高了财务数据处理的效率

与传统的财务处理模式相比，大数据技术提高了财务数据处理的效率，在处理数据的过程中节约了人力、物力、财力，并且结果更为准确。同时，大数据技术为企业财务管理信息提供了一个海量的管理平台，将数据储存在结构完整的管理库中，可以提高财务数据的处理效率，降低企业的总体成本，也使企业实现了财务数据信息化管理，为企业决策提供了坚实的基础。

（二）为企业的风险管理及内部控制提供平台

企业在进行内部控制时，运用大数据处理系统可以对内部进行精确的管控，为企业获

取全面、精准、有价值的信息提供有力保障，同时也可以帮助企业对风险进行深度分析，有效规避风险。

风险管理是企业内部控制的安全保障。企业应加强风险管理控制体系的建设，通过大数据处理系统，可以对各项财务信息进行有效监控，在一定程度上降低风险发生率，达到规避风险的目的。大数据可以帮助企业科学地进行管理，降低各项成本，为企业决策提供准确的信息依据。

（三）高效实现全面预算管理

大数据技术的盛行推动了企业建立全面、系统的预算管理平台，能有效解决在财务预算管理过程中存在的问题。通过预算管理平台，企业能获得大量有价值的财务信息，运用大数据技术建立财务预算管理系统，能快速、高效地获取真实可靠的财务数据，利用这些数据处理、分析、预测企业未来的资金流向，及时有效地对下期预算编制进行调节与控制，确立符合实际情况的运营计划和目标，实现全面预算。

三、大数据背景下小微企业财务管理的对策

（一）增强企业自身的财务管理意识

企业一定要增强自身的财务管理意识，如果不能及时掌握最新的财务信息，将会给企业带来三大的损失。

1. 建立健全财务管理机构

企业应该设立单独的财务管理机构。在大数据背景下，财务数据信息量大、种类多，经济业务和财政收支繁杂，需要有专门的人员进行处理，从而使信息发挥更大的作用。

2. 加强人员管理及培养

在大数据背景下，人才建设在企业创新中发挥着重要作用。因此要加强财务人员管理创新，改变传统落后的财务管理观念，重视财务专业技能和综合素养，还要提升财务管理水平。这就要求财务管理人员不仅要具备财务组织能力，还要具备分析、洞察、信息化处理等能力。

3. 加强内部考核制度

企业应该完善内部考核与奖励制度。建立考核制度，对财务人员的专业水平进行考核，对优秀的人员进行奖励表彰，有利于调动财务人员的工作积极性。

（二）创新财务管理模式

财务管理作为企业最核心的内容，管理模式和管理水平在很大程度上会直接影响企业的发展。企业必须不断调整管理机制，创新管理模式，但也要充分考虑企业内部管理机制和财务管理机制的协调性。

1. 建立完善的财务管理信息化制度

部门负责人要清楚地认识到大数据在财务管理信息化工作中的重要性，并重视与其他部门的配合，要认真落实好财务信息化建设工作。各个部门要严格以财务管理信息化为中心建设结构体系，对硬件、软件进行设计，建立一个完善的体系。

2. 建立监督机制

大数据改变了企业的发展模式，这就要求企业适应时代的发展，深入开展财务管理工作。要加强内审机构的监督检查力度，建立健全内部控制和检查制度，还可以聘请一些专业的会计人员和审计人员找出财务管理过程中出现的问题，以便更好地发挥企业内部控制制度的作用。

3. 建立风险控制体系

在财务管理中，风险管理是关键。大数据时代的到来，使各种数据资源种类繁多、来源广、结构复杂，财务风险也有所增加。因此，需要重新构建财务风险体系。① 详细了解财务管理的概念与结构。② 确定一个财务风险控制的目标并进行重建。③ 根据外部经济环境来平衡投资风险。

综上所述，企业应进一步提升财务管理质量，提高财务管理效率，提升企业管理的整体水平，形成一套规范、高效的财务管理系统，以适应大数据的发展要求，为国民经济的发展做出应有的贡献。

第四章 财务投资管理

第一节 PPP 项目的投资分析及财务管理

在我国城市化持续推进过程中，人们对各项公共基础设施建设提出了更高要求，PPP 模式在城市基础设施建设方面具有突出优势，能够更好地满足新时期工程建设需求，同时也为社会资本实现预期收益提供了新的投资机遇。而在社会资本介入 PPP 投资建设项目过程中，收益和风险是并存的，为了最大限度地提升建筑工程项目的整体经济效益和社会效益，降低建筑企业面临的财务风险，有必要深入探索 PPP 投资项目财务风险及应对策略。

一、PPP 模式概述

PPP 模式指的是社会资本和政府合作进行公共基础设施建设的项目运作模式。PPP 模式鼓励政府和民营资本、私营企业开展合作，共同参与到公共基础设施建设环节，为提供服务和产品签订特许权协议，建立全程合作、风险共担、利益共享的伙伴合作关系。在项目建设中，PPP 模式能够比合作各方单独行动获得更好的预期，帮助企业减少投资风险，并缩减政府财政支出。在 PPP 模式下，社会资本和政府基于公共基础设施建设建立长期合作关系。通常情况下，项目设计、建设、设施维护、运营等大部分工作由社会资本承担，同时在使用者付费、政府付费基础上得到相应投资回报；而公共基础设施及服务的价格、质量监管由政府部门负责，以最大限度地保障公共利益。PPP 模式主要包含三大要素，分别是项目产权要素、融资要素、风险分担要素。其中，项目产权要素中涉及的项目产权属于权力约束，它涵盖了所有权、收益权、经营权等权利。基于产权经济学相关理论，特许社会资本具备项目收益权、所有权或者是经营权，有助于激励社会资本加强技术创新，关注项目管理，进而使 PPP 项目运营具有更高效率。另外，在基础设施运营期间，特许社会资本具有运营权，可加快公共部门改革，减少冗员现象。在融资要素中，社会资本可直接参与到项目投融资环节，能够帮助政府减轻财政负担，尽快落实基础设施建设项目。在风险分担要素中，政府、社会资本基于双方风险承受能力，各自承担相应大小的项目风险，可使各方所承受的风险有效降低，并在此基础上使项目整体风险控制效果提升。

二、PPP 项目的投资分析及财务管理措施

（一）吸引和培训高级投资人才

由于投资是一件需要决策人员具备较高能力的活动，企业可以从外界招聘高级金融理财等投资人员，或者从内部提拔投资业绩优秀的员工。无论哪种渠道，都要注重对投资人才的后续培养，在为决策相关人员的再教育提供条件的同时，也为决策相关人员提供平台参与行业交流会、专家研讨会等活动，改变传统寻找项目的方式。参加这些活动有利于企业了解行业最新动态，拓展资源构建人脉矩阵，在投资圈中发掘好的项目，有利于企业发现新投资领域。

（二）完善投资项目的决策制度

企业在进行投资项目决策前，需要进行的程序步骤是项目初选、可行性核查、资本进入。完善每一环节的制度，有利于企业在投资决策时有据可依，因此企业对每个环节都要有明确的制度规定。首先，关于项目初选，这相当于头脑风暴的初始阶段，对于企业从各个渠道发现和识别的投资机会，企业需要明确项目来源，以便对项目的真实程度做出预判。其次是可行性核查阶段，这一阶段的规章制度需要规范且严格，以便对项目的可行性做出较为准确的估计。在决策制度中明确规定可行性报告应包括以下内容：被投资企业及项目的基本信息、优劣势分析、项目市场分析、项目建设方案分析、项目组织机构和劳动定员介绍、项目投资测算及经济效益分析、项目风险评估及控制措施、项目投资结论。最后是资本进入阶段，这一阶段的决策制度是接续可行性核查阶段的，需要明确规定的是根据可行性报告的项目投资结论，结合企业实际能力，确定投资项目，要求投融资双方签署投资协议，约定相应的权利、义务并严格执行。

（三）建立健全企业投资管理制度

管理制度的完善主要包括投资后的监督管理制度、对项目成果的确认和对投资决策人员的绩效考核制度，以及对投资相关人员的奖惩制度的完善。关于监督管理制度的完善，首先需要建立严格的董事会机制，对运营、投资及财务相关的决议，投资人有否决权，签署协议后，要求被投资企业对项目进度、预估收益和风险、资金使用情况做定期的报告，有条件的还可以进行现场核查。关于成果确认和绩效考核，企业需要比对预期投资收益和回收期与实际的差距，判定回收成果，并对决策人员在投资过程中所发挥的作用做出评估，根据员工付出实行相应的奖惩措施，以激励决策人员提升投资眼力、仔细调查研究、审慎决策，提升项目投资的正确率和效益。

（四）加强内部风险防范

企业在投资之前需要做好项目前期的财务分析工作，以此规避可能发生的财务风险。首先，在投资之前要做好财务分析与评价，要求财务人员对投资项目的投资回报率进行详

细的研究，并从多层次研究投资可行性，从而有效规避各类风险，以提高投资的经济效益。其次，在投资之前要拓宽融资渠道，通过多种方式开展融资活动。例如，通过信托公司募集资金，以多元化融资降低财务风险。最后，要合理规划债务结构。投资时要分析企业自身的实际状况，对未来资金可能使用方式进行细化研究，以合理安排债务结构。

PPP 项目投资在我国当前的应用越发广泛与完善，其财务管理工作在项目开展过程中也越加成熟，但其中仍存在风险与管理问题，不容忽视。PPP 项目的投资，无论是其投资环境还是项目的实际开展都应在实践过程中进一步完善，在不损害公共利益的基础上，如何进一步加强各方收益，实现共赢，是值得深思的。笔者对 PPP 项目的投资分析与财务管理的探讨旨在能对其有一定的助力作用，为我国 PPP 项目在今后的健康、稳定发展起到一定的促进作用。

第二节　海外投资企业的财务风险管理

一、海外投资企业财务风险管理概述

海外投资企业财务风险管理是针对其在海外财务运营过程中存在的各种风险进行识别、计量和分析评价，并及时采取有效的措施进行防范和控制，确保财务活动正常开展，有效保证海外投资安全运作。财务风险管理包括风险识别、风险评估和风险应对等环节，目的在于降低财务风险，将损失控制在企业可接受的范围内。在海外投资企业财务风险管理中，应基于所在国当地现行财务、税收等制度，注重市场供求、收入、成本、税金、财务盈利能力、借款能力、偿债能力等，制定财务风险管理策略，合理预测关键财务指标，进行项目净现值和内部收益率的敏感性测试，定期跟踪监测项目财务测试的重点指标，比较分析项目风险监测指标的当期值与基准值的偏离度，针对具体情况及时发出风险预警。同时，要根据海外投资企业环境的变化，及时做出相应的调整，确保财务风险管理机制科学有效。

二、健全海外投资企业财务风险管理的意义

我国海外投资企业面临的生存环境日趋复杂多变，惨痛教训比比皆是，充分暴露出企业财务风险控制不力的严重问题。缺乏财务风险控制和危机意识，没有健全的财务风险管理制度，导致企业在日常经营活动中难以及时识别并应对潜在的财务风险，造成海外投资者无法承担的巨大损失，甚至导致投资彻底失败。因此，根据投资所在国各方面的实际情况，做好全面且充分的调研，及时制定财务风险管理制度，并不断健全海外投资的财务风险管理体系，合理运用财务关键指标，进行敏感性测试并进行分析，有利于培养并增强员

工的风险管理意识，让员工时刻提防风险，全方位研究可能存在的隐患并实施预防；有利于企业有效预防、控制风险，强化企业整体对风险的抵抗力；有利于企业保持合理的资本结构、现金流等，降低甚至消除相关风险给海外投资企业带来的负面影响；有利于促进企业经营符合当地的法律政策，有效保护财产安全，保证企业的正常运营；有利于企业更加适应海外市场生存，增强企业的国际竞争力；有利于提高投资所在国的经济水平和产业水平，增强东道国对中国投资企业的信心及认可。因此，只有加强海外投资企业的财务风险管理，才能实现海外投资企业的长久健康发展。

三、海外投资企业财务风险的现状分析

目前，我国越来越多的企业走出国门，参与到竞争日益激烈的国际市场中，但是有不少企业在海外投资中取得的成效并不理想，究其原因，其财务风险管理主要存在以下几个方面的问题。

（一）缺乏有效的财务风险管理制度

海外投资环境不同于国内，很多方面具有不确定性，很多情况下想做全面的调研具有很大难度，投资风险较国内要高出很多。更何况还有不少海外投资企业走出国门前未充分考虑当地的政治环境、商业环境、税务环境等实际情况，直接生搬硬套国内财务风险管理的那套模式，不做任何针对投资地实际情况的必要修改，甚至根本没有财务风险管理制度，导致企业无法有效识别相关财务风险。

（二）未能有效执行财务风险管理制度

很多中国海外投资企业没有制定一套适应当地特定环境的财务风险管理机制，或者尽管有财务风险管理机制，但由于治理层、管理层不予足够重视，未能要求全体职员严格执行。员工不按财务风险管理制度办事，风险管理观念薄弱，导致该制度形同虚设，造成企业采购、生产、销售等整个运营环节的管理混乱，各部门之间不能很好地配合控制风险。很多关系企业命运的重要决策没有事先按照财务风险管理制度流程实施，盲目决策，再加上企业内部控制机制不健全或得不到正常运转，无法做到很好的监督工作，导致企业无法有效识别、防止并消除致命的风险，造成企业难以承受的损失。

（三）缺乏具有胜任能力的专业管理团队

投资于海外的企业对财务人员素质的要求有一定的特殊性，不仅要具有国内财务人员的做账、进行报表编制及分析等业务能力，还要能适应海外的财务管理环境及语言交流环境，要能自如或尽快地融入海外复杂的投资环境中。但部分公司的管理层并没有给予足够的重视，或是因为对公司运营成本的过度压缩，不少企业没有聘请具有胜任能力并能适应海外财务工作环境的专业人员严格把控财务风险，而是以廉价的成本聘请对海外环境不了解、专业程度不高的人员，其往往缺乏专业基础，没有丰富的实战经验，缺乏同海外相关

部门业务沟通的能力，不能有效识别、分析、降低或化解在海外特定环境下的重大风险。

（四）海外投资企业未能有效识别重大财务风险

海外投资环境十分复杂且多变，很多企业缺乏有效的财务风险管理制度，没有招聘经得起考验的具有丰富海外经验的财务风险管理人员。企业面对新的投资环境，没有专业的财务人员去熟悉和研究东道国的政治、经济、宗教等风险，做不到有效地收集并识别信息，没有采取有效的监测手段，很难做到提前识别重大财务风险，无法在风险事故发生之前将致命的重大财务风险降低到可接受范围之内。

（五）不能做出准确的风险评估

风险评估是以风险识别为基础，运用各种分析方式对风险的影响程度做出的判断。海外投资具有不同于国内投资的特殊性，风险较高，需要根据东道国的政治环境、法律环境、经济环境、人文环境等做出综合评估。但很多海外投资企业因没有予以应有的重视而不具备适用于投资当地风险管控的制度体系，甚至没有招聘能达到要求的海外财务专业人员，难以全面收集到与东道国有关的风险因素的信息，不能综合考虑各方面的影响，无法做出及时且准确的风险评估，导致企业不能有效应对风险，造成不必要的损失。

（六）不能正确应对海外财务风险

海外投资的吸引力大，但丰厚的利润也隐藏着巨大的风险。不少海外投资企业只关注高额利润，却没有对东道国财务风险予以应有的重视。企业没有适用于当地的风险管控制度体系，加上没有招聘具有匹配能力的财务风险管控人员，未能有效采取应对措施，甚至没有采取有效的防范、控制手段去应对、消除相应的风险，而采取消极的态度予以形式上的应对。海外的财务风险远高于国内的财务风险，对于我国企业管理团队而言更加复杂，难以控制。

四、加强海外投资企业财务风险管理的对策

（一）建立并健全海外投资企业财务风险识别系统

建立并不断完善财务风险识别系统，提高对海外投资的财务风险管理，合理充分运用投资回收期、投资报酬率、净现值及内含报酬率等关键财务指标，进行敏感性测试并分析，预防并控制财务风险，以适应复杂多变的海外财务风险环境。面对多变的财务管理环境，完善财务风险管理制度，细化财务风险管理的各项工作，使企业财务风险识别系统充分发挥应有的作用，提高系统应对环境变化的能力，降低、消除相关风险给海外投资企业带来的负面影响。

（二）组建专业团队，加强风险评估

近些年来，中国企业投资于海外的势头逐渐增强，但不少企业的海外专业管理团队却没能与其业务发展相匹配，包括财务团队、市场团队、客服团队、行政人员、翻译人员等，

尤其是海外专业财务风险管控团队的有效建立极为重要。因此，海外投资企业应建立具有丰富经验的专业财务团队，深度了解东道国的实际情况，通过当地的法律、财税、外汇等政策来充分化解企业可能面临的任何财务风险问题。财务风险存在于财务管理工作的多个环节，保持稳定的专业团队对海外财务风险进行识别及把控至关重要，公司需要专业财务人员对业务各环节进行反复研究分析、判断，将风险的识别、防控贯穿于整个财务管理工作中。因此，企业应对海外财务人员进行专门选拔，并定期进行风险意识培训，提高财务人员的风险意识及专业素养，充分应对海外投资的风险。企业匹配了稳定并专业的海外财务风险管控人员，便于建立适用于东道国特殊投资环境的风险管控体系，并定期或不定期地对该体系进行测试，确保其适应当地投资环境的变化，并做好内部控制，定期对运用该体系的评估工作进行审计，加强监控，这样能够保障企业风险评估工作的正常有效运转。针对海外业务加强事前、事中、事后的全方位分析，科学合理地评估任何可能存在的重大风险，并采取专业手段规避风险、转移风险、降低风险，或者综合运用多种方式将未来的风险或当下风险降到企业能够承受的程度。

（三）建立有效的风险应对机制，提高企业的抗风险能力

海外投资企业生存风险高，除了要建立自己专业的财务团队，还可以考虑选择东道国有实力的企业合作，如吸引它们作为小股东，或者找当地比较有名的专业机构作为投资风险顾问，可以大幅减少海外投资不必要的风险。

海外投资不同于国内投资，会受到当地政治、战争、经济、环保等多方面的影响，发生时难以招架，这时转移企业财务风险不失为一个好的选择，企业可以通过各种渠道充分考虑未来可能面临的各种风险，并通过购买保险的方式尽可能地转移企业将来可能会面临的各种风险。

建立并不断完善资金使用监管制度。公司应定期对财务管理工作进行考核，提高资金的使用效率，增强企业的借款和偿债能力。在经营中若出现未经批准或超出一定额度的资金，要给予人员相应的惩罚。所有的银行账户必须要以企业的名义进行申请，不得使用以个人名义申请的账户。要充分考虑海外投资的实际情况，做好每年预算工作，严格按照预算执行，如有特殊需求，须重新按制度走流程，给出详细原因及依据。

（四）了解合作国的法律制度和财务制度，有效规避法律风险

在开展海外投资的过程中，应该对自身与合作国家之间存在的税务、财务系统的匹配度、有形资产与无形资产的定价、其他未登记风险等因素明确了解，正是因为这些因素的存在会使企业海外投资项目制定的盈利目标无法有效实现。与此同时，企业经营状况也会因合作国家财税制度和法律制度的变化而变化。例如，美国法律明确规定在美国上市的所有国外企业必须严格按照《萨班斯法案》的内容执行，其中一些大州已经根据《萨班斯法案》对本州的法律进行了制定，导致我国海外投资企业想在美国上市所付出的成本代价极高。根据对《萨班斯法案》展开的大量实际调查研究能够发现，美国大型公司需要对《萨

班斯法案》中与"完善内部控制"条款有关的内容进行严格执行，甚至第一年在建立内部控制系统的过程中年平均成本就高达 400 万美元。因此在美国进行投资的中国企业想保证自身持续稳定发展，就必须对这些法律法规内容进行充分了解。

近年来伴随着国家"一带一路"倡议的不断深化，我国企业对外投资呈现井喷式增长，发展趋势不可阻挡。同时，我国海外投资企业也面临着日益激烈的竞争环境和更加复杂多变的国际经营环境。因此，企业应当根据东道国特定的环境建立相应的财务风险管理机制，并不断加强完善以适应其不断地变化，充分了解东道国可能存在的任何风险，掌握当地法律、财税、环保等要求，考虑政治、经济、外汇、融资等环境，提前做好防范工作，加强企业自身财务风险的应对能力，将风险降至企业可承担的范围内，实现企业的长期稳定发展。

第三节　私募股权投资基金的财务管理

我国的社会主义市场经济体制促使国家经济获得很大发展，在金融市场中公募基金推动了金融市场的发展，同时私募股权投资基金也发挥着不可小觑的作用。为了保证我国金融市场平稳发展，金融市场管理人员需对私募股权投资基金进行研究，促使私募股权投资基金更好地发展，为我国经济发展做出贡献。基于此，本节对私募股权投资基金的概念和特点进行阐述，分析在私募股权投资基金财务管理过程中存在的问题，根据问题提出解决措施，以此来提高私募股权投资基金的财务管理能力，使私募股权投资基金顺利发展。

私募股权投资基金在中国的金融市场中发挥着重要的作用，根据 2019 年 6 月底统计局对私募股权投资基金的统计发现，2019 年总共有 24 304 家私募股权投资基金注册，累计注册资金为 13.28 万亿元。上述数据表明，私募股权投资基金在我国金融市场中发挥着重要的作用。为了保证私募股权投资基金在未来的发展过程中能够平稳增加，继续对国家经济发展发挥作用，作为私募股权投资基金的财务人员，需要对私募股权投资基金财务管理研究，并且根据研究结果采用科学的财务管理方法，保证私募股权投资基金运行安全。同时使用科学的管理方法，帮助私募股权投资基金获得收益。只有在收益增加和风险降低的情况下，私募股权投资基金才可以获得长足发展。

一、私募股权投资基金的概念和特点

所谓私募股权投资基金是指不经过公开发行，私下向特定对象募集。它与公募基金是相对的，公募基金是通过公开方式筹措募集资金。私募股权投资基金的资金来源是不可以公开向大众募集，只可以向社会机构或个人私下募集。私募股权投资，即 private equity，简称 PE。私募股权投资是指对非上市公司不公开交易股权的一种方式。

私募股权投资具有高额投资回报。因私募股权投资基金的募集方向主要为个人投资者、机构投资者等，而不是投资市场的股票，所以私募股权投资基金的回报率多为 20% 或以上，若在企业早期进行收购或从事杠杆原理收购，其收益回报率有望更高。而相对来说，私募股权投资的回报周期也会较长，投资失败概率增加，风险同样会增高。为了规避投资回报风险，私募股权投资基金从业人员就要介入投资项目的管理整合，运用市场学、金融学、市场管理学等专业的储备知识和经验来帮助被投资的企业稳步发展。一个卓越的私募股权投资基金不仅能帮助企业完成资源整合、规避风险意识、储备资金管理人才，更能为被投资企业提供增值服务，达到双赢的目的。

私募股权投资基金一般有以下三种投资形式。

（1）公司制设立。由私募股权投资基金设立有限责任公司或者股份有限公司作为该公司的股东，参与该公司的业务筛选以及投资项目的规划。

（2）信托制设立。信托基金主要是由一个或多个信托投资客户所募集来的资金形成的信托基金，也叫作信托计划。信托公司可以直接对企业进行私募股权投资，也可以委托其他机构进行私募股权投资。

（3）有限合伙人制设立。私募股权投资基金的主要组织形式是有限合伙制，其中私募股权投资公司作为普通合伙人，基金整体作为有限合伙人存在。基金主要从有限合伙人处募集款项，并由普通合伙人做出全部投资决策。

私募股权投资基金的主要投资方向为国家支柱产业、尖端技术企业、高新企业、基础设施领域的未上市企业以及企业重组等。私募股权投资基金的收益主要通过私募股权投资基金的退出来获得。

二、私募股权投资基金财务管理的现状

在当下阶段，国内的私募股权投资基金受到许多外在金融环境影响。一是金融市场的不稳定、市场变动情况不好掌握；在私募股权投资基金管理中受外界金融市场的影响；国内的一些政策对于当下私募股权投资基金的管理把控、国内私募股权投资基金的税收政策、国家政策对于国内投资产业的扶持力度和发展指导等导致私募股权投资基金的管理收益不高，也影响着私募股权投资基金的资金管理和运作。二是私募股权投资基金的内部资金大部分由私募股权投资基金的管理者进行把控和管理，在企业投资业务过程中，由于自身对于财务管理不专业导致的失误和对市场导向的发展误判，会导致项目投资的失败，引起私募股权投资基金资金的流失，使私募股权投资基金的投资者财产受到损失，从而影响下一步私募股权投资基金的募集。

三、私募股权投资基金公司的财务风险控制

在国内，私募股权投资基金还处于起步阶段，私募股权投资基金的管理人员和管理经

验更是稀缺,专业的私募基金管理公司对私募股权投资基金的发展和成长有着重要的影响,基金管理公司想掌握好一家或多家私募股权投资基金的风险控制和财务管理,需要建立健全的管理制度和严密的财务制度分析。

(一)基金管理公司详细财务预算

一个专业的基金管理公司应在私募股权投资基金进行投资前对此次投资的项目制订详尽周密的财务预算和资金使用计划,财务预算是基金管理公司资金控制的第一步,也是后期投资过程中资金管理的拟定标准。财务预算的目标应该与被投资企业的长远发展目标一致,预算的编制流程应该相对简洁,不能过于烦琐,使企业管理效率下降。基金管理公司提供的财务预算内容主要包括三个方面:① 私募股权投资基金投资的时间周期;② 私募股权投资基金的投资金额预算;③ 私募股权投资基金的投资资金使用原因。

(二)基金管理公司与私募股权基金投资项目公司建立健全的内部控制(牵制)制度

基金管理公司应与私募股权基金投资项目公司对各自的职权划分清晰,同时建立完善的内部控制(牵制)制度,如票据的管理制度、账务分管制度、合理的职责分工、逐级付款审批制度等。在制度中明确基金管理公司可以通过网上银行系统查询管理资金的划拨权限,以限制开户等方式控制私募股权基金投资项目公司资金划拨,建立三方(基金管理公司、私募股权基金投资项目公司、指定银行)的共管账户。私募股权基金投资项目公司应及时上报基金管理公司项目的财务报表、资金周报等财务信息,私募股权基金投资项目公司实行的年度预算报告、内部资金控制制度、财务管理制度、会计核算方法等应在基金管理公司进行备案。

(三)财务分析

基金管理公司要利用各种财务分析方法对私募股权基金投资项目公司上报的财务报表、资金周报表等财务信息进行专业的分析,基金管理公司要掌握私募股权基金投资项目公司的财务状况,将私募股权基金投资项目公司的内部资料与提供的财务信息相结合,进行综合分析和财务管理整合,发现不利于长远发展的问题和风险,并提供给私募股权投资基金相应的决策。

(四)统一资金管理与配置

基金管理公司可以对私募股权基金项目投资资金进行统一的管理与配置,这样可以保证私募股权基金项目投资资金的安全性,基金管理公司可以建立一个私募股权基金项目投资资金池,将所有的资金由基金管理公司统一调配,既可以保证资金的安全性,也可以提高私募股权基金投资项目的效率。

(五)财务审查

为保证私募股权投资基金项目投资资金的安全及收益回报,基金管理公司要定期对私募股权基金投资项目公司进行财务审查，着重调查私募股权基金投资项目公司的财务管理制度及执行的效果，及时发现投资项目中的财务漏洞，对其发现的问题进行风险预估和评价，查漏补缺，保证投资项目的顺利进行。

（六）对存在的问题提出建议

在私募股权基金投资项目过程中，基金管理公司应对私募股权基金投资项目公司不定期进行项目审计和项目效益审计。一旦在审计过程中发现投资过程中的问题，要及时止损，并提出解决办法供私募股权投资基金决议层参考。

四、私募股权投资基金财务管理中存在的问题

私募股权投资基金对外部环境的影响在一定程度上不能管控和制约，因此需要对私募股权投资基金内部所存在的问题进行分析解决。

（一）内部控制混乱

由于私募股权投资基金还处于起步阶段，在内部管理中存在着一些问题，内部分工混乱、分工不明确导致工作失误率高、重复率高、工作效率低。基金管理公司对私募股权投资基金管理者应进行良好的内部控制，避免内部人员混乱、分工不明确的私募股权投资基金项目的风险增加。

（二）对财务管理不重视

在私募股权投资基金的财务管理过程中，对财务管理不重视，主要表现在两个方面：一方面是对财务管理认识程度不高；另一方面是对预算管理不够重视。

对财务管理认识程度不高表现在两个方面：一方面是私募股权投资基金公司领导层不重视财务管理；另一方面是私募股权投资基金公司员工对财务管理不够重视。领导层没有认识到财务管理对私募股权投资基金管理的重要性，导致财务资金使用存在风险，影响财务安全。私募股权投资基金公司员工对财务管理的不重视导致财务工作开展时支持度不高，使财务管理措施不能够有效实施。特别是公司的财务人员，没有认识到财务管理的重要性，无法有效规避财务资金使用的风险，造成公司资金链出现断裂，影响私募股权投资基金公司的财务安全。

私募股权投资基金公司对私募股权投资基金筹集完成后，会在公司形成一定的资产规模，资金管理和使用者需根据基金情况制定相应的财务预算。私募股权投资基金制定的财务预算主要包括两个方面的内容，分别是财务预测、财务分析。制定财务预测的内容中又包括财务管理过程中需要花费的资金、需要使用的时间和对相关人事的安排等。因此，在私募股权投资基金公司使用好财务预算方法，能够帮助资金管理者了解财务管理的实际情况，以及资产管理运作和预算效益之间的差异，然后根据形成差异的原因，采用针对性的方法进行预防，以此来保证私募股权投资基金的收益。但是在部分私募股权投资基金公司

财务管理中，他们不重视财务预算管理，导致对私募股权投资基金管理时没有计划，私募股权投资基金运行时出现不良后果。

五、私募股权投资基金财务管理的对策

（一）加强内部审计

内部财务审计制度在大型国有公司执行比较多，能够有效保证国有公司正常运行。同样，在私募股权投资基金公司开展内部审计控制工作也可以发挥内部审计的作用。在私募股权投资基金公司时，需要建立一套完善的内部审计体系，才能达到对资金控制的效果，以此来保证私募股权投资基金长远稳定发展。如果私募股权投资基金公司没有建立完善的内部控制制度，导致私募股权投资基金公司出现使用的资产清查不清的情况，这样的公司财务管理制度，对公司股东进行财务汇报时，财务汇报不够准确，私募股权投资基金股东会对私募股权投资基金公司不信任，出现不投资或者是转投等情况，影响私募股权投资基金的运行。

因此，财务管理人员要认识到内部控制对公司的管理和发展的重要性，在使用内部审计对公司进行管理过程中，完善内部控制制度。同时还须改变思想，与时俱进，采用先进思想对内部控制体系建设，使内部审计能够对公司的管理发挥应有的作用，以此来保证私募股权投资基金有更大的发展空间。

（二）提高财务管理人员素质

私募股权投资基金管理者一般为私募股权投资基金的筹集者派遣，由于筹集基金的数额较高，基金的管理者难免有家族化和任人唯亲的现象，由于资金管理者并非专业基金管理人员，对私募股权投资基金投资项目专业认知较低，项目风险预估、金融市场方向预估欠缺，会在一定程度上影响投资项目的风险，因此私募股权投资基金投资项目的管理人员综合素质会影响私募股权投资基金的整体运行和发展。

对于私募股权投资基金财务管理人员素质提高方面，需要基金管理人员运行基金的综合能力提高，并且在基金的管理过程中形成约束，这样才能保证私募股权投资基金的运行安全。因此，要求私募股权投资基金的管理人员有较高的素质；私募股权投资基金的财务管理人员需要对金融知识了解，还需要把握金融市场变化的规律，对于市场细微的变化要有警觉力，能够及时察觉，并且采取有效措施，保证私募股权投资基金的运行安全。私募股权投资基金财务管理人员的素质高低将直接影响投资者的收益，为提高财务管理人员的综合素质，可以进行以下几个方面的培训工作：① 对市场金融知识的培训。私募股权投资基金财务管理人员必须要了解市场金融知识，并且要将市场金融知识灵活运用到私募股权投资基金管理中，能够有效保证私募股权投资基金的安全和经济效益。因此，私募股权投资基金财务管理人员须加强对市场金融知识的学习，使自身的金融知识不断提高，以此来满足私募股权投资基金财务管理的需要。② 对财会知识的了解。私募股权投资基金财

务管理者不仅需要掌握相关的金融知识，还需要了解私募股权投资基金的财务管理知识。公司可以对私募股权投资基金财务管理人员开展财务知识培训工作，不断提高财务管理人员的财务知识，有利于对私募股权投资基金的管理。③ 对金融市场风险评估的了解。在私募股权投资基金运行过程中，会有许多市场风险，私募股权投资基金财务管理人员除保证基金的收益以外，还需要保证本金的运行安全。私募股权投资基金财务管理人员需要对相关的金融风险评估知识非常了解，使用好相关的金融风险评估，保证私募股权投资基金的平稳运行。

（三）培养财务人员的财务预算意识

在私募股权投资基金的财务管理过程中，需要领导层对财务管理的重视，只有领导层重视财务管理，下层的私募股权投资基金财务管理人员才能跟随领导的认识，开展好相应的财务管理工作。同时在私募股权投资基金公司，如果财务管理人员对财务预算不够重视，可以采取以下两个方面的措施解决问题：① 可以在公司内部加强对财务预算知识的宣传，使整个公司人员都了解财务预算的重要性，对财务预算重要性有足够的认识。② 针对私募股权投资基金公司财务管理人员在资产运营过程中不够重视财务预算的问题，要对其进行相关财务管理的知识技能培训，使其充分了解财务预算对资产财务管理的作用。与此同时，财务预算要简单明了、方便应用，提高资产的财务管理效率。而后对财务预算在财务管理周期内进行事中控制、事后分析，进行下一周期的资产运作时避免失误再次发生。

综上所述，在私募股权投资基金发展壮大过程中，出现了相应的问题，如对风险控制不足、财务管理不完善等，这些弊端严重影响私募股权投资基金的发展。为了解决私募股权投资基金发展过程中遇到的问题，需要私募股权投资基金财务人员加大财务管理力度，保证私募股权投资基金的安全运行，使其获得经济收益，以此来促进私募股权投资基金的发展。

第四节　创业投资企业的财务风险管理

随着创业投资企业在中国的发展，财务风险也日益成为必须重视的问题。本节阐述了创业投资企业的定义和特点，分析了创业投资企业财务风险的表现及其管理中存在的问题，提出了创业投资企业防范财务风险的对策。笔者认为建立一个适宜的财务风险管理体系将明显提高创业投资企业的投资业绩。

创业投资企业要想取得较好的投资业绩，主要取决于其财务风险管理能力。本节从创业投资企业的定义和特点入手，分析创业投资企业财务风险的表现及其管理中存在的问题，进而对创业投资企业如何防范财务风险进行深入探讨，以期对创业投资企业有效防范财务风险提供一定程度的指导。

一、创业投资企业的定义和特点

（一）创业投资企业的定义

20 世纪 80 年代初期，创业投资进入中国。2005 年 11 月，国家发展改革委等十部委联合起草的《创业投资企业管理暂行办法》中将创业投资定义为，向创业企业进行股权投资，以期所投资创业企业发育成熟或相对成熟后主要通过股权转让获得资本增值收益的投资方式。创业投资企业的主要组织形式：公司制和有限合伙制，有限合伙人（LP）与普通合伙人（GP）合资成立的创业投资企业，其经营决策和收益分配及其他相关制度遵照《中华人民共和国合伙企业法》规定。目前，国际上的创业投资企业的组织形式是以有限合伙制为代表，我国的创业投资企业多采用公司制的组织形式。

（二）创业投资企业的特点

（1）高风险与高收益并存。创业投资企业的投资对象大多是种子期、创业期的中小型高新技术企业或者新兴行业，而高新技术从开发、设计到应用，再到最后的投产阶段都存在着极大的不确定性。一旦成功，将给创业投资企业带来超高的收益；一旦失败，将给创业投资企业带来灭顶之灾。

（2）非普通股权投资的权益性投资。创业投资企业投资是对投资对象进行一段时间的权益投资，追求的是从被投资企业获取超额利润。一旦获得一定的收益，就会从被投资企业退出。其目的并非像普通股权投资是长期持有并获得企业的控制权，在退出前并不会要求被投资企业偿还投资或者发放股利。

（3）投资期限较长。创业投资企业主要看重被投资企业的成长性，大多都是在其种子期或者创业初期就投资入股，再经历成长期的持续发展，最后到其成熟期才退出，投资期至少也要 3 ～ 5 年。投资期限较长，创业投资企业投入的资本流动性比较小。

二、创业投资企业财务风险的表现及其管理中存在的问题

据前瞻产业研究院发布的《创业投资与私募股权投资市场前瞻和战略规划分析报告》统计数据显示，2018 年上半年，平均每天就有 1.81 万户企业"出生"，众创空间已达 5500 多家，科技孵化器超 4000 家。创业投资机构超过 3500 家，中国已成为世界上第二大创业投资市场，资金管理规模接近 2 万亿元。虽然创业投资企业的发展速度惊人，但创业投资企业投资失败和清盘的企业数量众多，创业投资企业财务风险的表现及其管理中存在的主要问题有以下几种。

（一）资金供求较难匹配

随着国内企业、居民的投资资本的日益积累，因为其投资渠道的匮乏，创业投资企业筹资的难度大大降低，但由于筹资过程中"$n+1$"期限和项目运作资金需求期限不一致，

以及创业投资企业在预测评估企业资金供求方面缺少有效的专业的技术和方法，往往创业投资企业的资金供求难以匹配，出现创业投资企业资金冗余或是资金短缺的情况，最终造成创业投资企业资金的浪费，或是因资金链断裂而导致投资项目失败。

（二）投资风险极难控制

创业投资公司拟投资的大多是种子期和初创期的企业，投资回收期一般都较长，投资风险复杂多变，极难控制。创业投资不仅是高难度、专业性的技术活，还是考验创业投资企业眼光的艺术活，创业投资公司的生存期限主要取决于企业投资风险的管控能力。创业投资企业尚未建立健全风险控制体系，特别是在项目筛选、项目发展趋势、投后管理等各环节存在的投资风险没能进行有效控制。

（三）退出风险很难避免

我国的创业投资的退出渠道相对单一，主要是通过被投资企业的 IPO（首次公开募股）后予以退出，退出风险很难避免。但我国的 IPO 受国家政策的影响很大，既有高歌猛进的欢乐时代，也有暂停几年不发的痛苦岁月；既有 90% 以上的过会率和发行率，也有低于 50% 的发行率。IPO 是否能够过会，是否顺利发行，是影响创业投资企业退出成败的关键因素。

三、创业投资企业防范财务风险的对策

（一）优化筹资管理，提高资金供求的匹配性

创业投资企业可以多渠道拓展筹资途径、优化筹资管理，而不仅是用银行贷款支付利息的方式筹集资金。一是可以吸收大型企业、富有的个人和稳健机构的长期闲散资金；二是可以采用联合投资、合作投资等方式和其他创业投资机构合作，与其他基金公司建立合作关系，提升筹资规模及筹资期限的灵活性，以提高资金供求的匹配度，解决资金闲置或短缺的问题。

（二）建立健全科学的投资分析决策管理机制，重点防范投资风险

为了防范投资风险，要从宏观环境分析、产业政策分析、国家政策分析、项目调研、项目筛选评估、项目投资分析、投资决策、投后管理等多个环节加强风险管理，建立健全科学的投资分析决策管理机制。

（1）建立科学的项目分析评估机制。创业投资企业要运用科学的分析评估方法，深入评估目标企业的市场风险、技术风险和管理风险，有效论证项目的可行性、先进性、创新性和盈利能力，筛选出值得投资的好项目，从源头降低投资失败的比例，主要可以从企业偿债能力、盈利能力、企业发展能力以及现金流量能力等方面对目标企业进行全方位的评估。

（2）进行组合投资以分散投资风险。不要将鸡蛋放在同一个篮子里，创业投资企业要

通过组合投资来分散投资风险，不能把所有的资金投在一个项目上。具体可以运用投资组合的标准差和相关性、证券市场线、资本市场等方法来确定怎样进行组合投资。一般来说，投放在一个项目上的资金要控制在投资总金额的 20% 以下。

（3）加强投后管理以防范投资风险。投后管理往往是专业创业投资公司和跟风创业投资公司的差异所在，创业公司由于处于初创期，除资本需求以外，还需要资源、人脉、营销辅导、管理辅导、人力资源支持和战略引导等。加强创业投资企业的投后管理，加强对被投资企业经营管理与财务活动的监督和引导，动态跟踪被投资企业的经营绩效，适时提供专业的技术支持，有利于全面提升被投资企业的发展水平，继而提升其整体价值，有效防范财务风险。

（三）拓宽退出渠道，提高退出方式的灵活性

中国的创业投资的退出价格、价值和 A 股的二级市场的盈利程度呈正相关关系，所以 IPO 成为最重要的退出方式。创业投资企业为了防范退出风险，一定要拓宽退出渠道，提高退出方式的灵活性。可以在下一轮别人投资时适当退出部分，也可以让创业企业回购一部分，还可以选择转让股权给第三人等方式。减少财务风险的办法之一就是退出方式要更灵活、更多样。

本节阐述了创业投资企业的定义和特点，分析了创业投资企业财务风险的表现及其管理中存在的问题，提出了改善创业投资企业的财务风险管理的对策。创业投资企业是整个社会发展的助推器，无论是公司制还是合伙制，都追求长期的资金回报和资产的保值、增值，因为投资于种子期、初创期的科技型、成长型企业，所以收益和风险都是巨大的。本节从时代意义上分析创业投资企业在资金供求、投资和退出环节财务风险的表现及其管理中存在的问题，提出了优化筹资管理、建立健全科学的投资分析决策管理机制以及拓宽退出渠道等财务风险防范措施。由于科创板的推出、新三板未来的政策走向、IPO 的注册制均影响创业企业的发展，未来将在这些方面做进一步研究。

第五节　投资集团公司的财务风险管理

目前我国经济得到了快速的发展，这离不开大量资金的支持，因此投资集团公司也得到了较大的发展，但是投资集团公司因为一些客观因素的存在，导致其在运行的过程中会遇到较多且多样的财务风险，而财务风险管理可以增强投资集团公司的财务决策能力，并有效地规避财务风险，保证企业的长远稳健发展。本节主要分析了投资集团公司产生财务风险的原因，并提出了相应的应对措施。

财务风险指的是企业在财务活动的过程中，在各种不确定因素的影响下，导致企业的实际收益和预期收益严重偏离，可能会造成企业遭受较大的经济损失。对于投融资以及资

产规模都比较大的投资集团公司来说，若是当投资集团公司的实际收益与预期收益相差太大，导致投资集团公司陷入财政危机时，影响的不只是其自身的发展，还会对我国国民经济的稳定发展产生一定的影响，并且投资集团公司的财务风险没有办法进行彻底清除，因此投资集团公司应该不断增强自身对财务风险管理的能力来避免财务风险。

一、投资集团公司产生财务风险的原因

（1）复杂的投资集团公司产权关系。控股是投资集团公司中比较常见的组成形式，此种组成形式不仅存在于母公司和各子公司之间，而且还存在于子公司之间，其常常也被称为是交叉控股，导致母公司与各子公司管理层级存在各种交叉和相互跨越的复杂现象，如此一来，不仅使得产权管理变得更为复杂，而且也将投资集团公司的财务管理工作变得更加复杂。同时又因为各个公司之间是以独立个体的形式存在于法律之中，所以若是投资集团公司的财务信息收集与反映滞后，集团内部各子公司之间又没有进行有效的沟通协调，就很可能会产生较大的财务风险。

（2）投资集团公司财务管理的主体多元化。通常情况下，一个投资集团公司一般都由很多公司成员组成，一般都是跨多个行业的，而且投资和筹资方式也趋向多元化，加之投资集团公司下各子公司在法律上都是各自独立的，采用的管理模式也并不是从上至下，且每个公司都有自己的管理模式，相互之间没有太多直接的关联，这就导致财务管理的主体有很多个，很多元化。这种情况下会使得总公司不能及时地监督、控制各子公司的财务工作情况，但是投资集团公司的整个核心所在还是母公司，它占据着战略核心地位，引导并领导着整个投资集团公司的发展，确保所有子公司都能健康稳定地发展，若是管理得当，还可以将办事效率大大提高，但是这也会导致投资集团母公司对于各子公司在财务管理上存在的问题不能及时被发现，从而加大了财务风险产生的概率。有些子公司的财务管理工作秩序比较混乱，无法切实执行财务风险管理活动，还将实际情况隐瞒不报，如此一来，就更加增大了财务风险产生的概率。

（3）投资集团公司的财务管理内容较为复杂。在投资集团公司的财务管理中，除要做出投资决策、营运资本决策、利润分配决策以及筹资决策并进行相应的管理之外，还要管理内部转移价格、产权管理以及相关的财务监控等工作内容。另外，投资集团公司的财务管理中还存在着投资、筹资等财务管理活动。在投资方面，从内部投资来看，投资集团公司的各成员公司之间相互投资，由此会增加资产重组活动的次数，并且由于投资集团公司存在内部委托代理管理，使得投资集团公司的投资管理活动变得更为复杂；在筹资方面，由于投资集团公司的规模较大，下设多个成员公司，从而增加了投资集团公司的筹资内涵，其除一般的自我资金积累之外，还有成员公司之间的相互融资，关联交易经常化。另外，投资集团公司还有较为明显的财务杠杆效应，母公司由于投资子公司导致新的负债产生，这样虽然增加了投资集团公司的融资能力，但同时若因资金监控不力、缺乏严格的监督管

理机制，各子公司财务管理混乱、各自为政，追求局部利益最大化，致使投资集团公司整体利益受损、资产流失，也大大增加了投资集团公司财务风险的产生概率。

（4）投资集团公司的投资范围比较广。股权投资是投资集团公司较多采取的一种形式，由于目前财务管理主体多元化以及投资领域范围广的情况较普遍，既推动了投资集团公司的发展，也因受投资集团公司员工知识结构、专业技术、投融资管理能力的限制，不可能做到每一方面的完善管理，因此对投资集团公司的财务管理工作有了更高的全新要求，稍有差池就会发生连锁反应，导致投资集团公司的财政陷入危机。通常来说，投资集团公司投资的范围越广所面临的环境就越复杂，需要考虑的因素就越多，而由此产生的风险无论在深度还是广度上相应地也就越大。

（5）财务工作人员的风险意识欠缺。一般情况下，从事财务工作的人员除要具有基本的财务专业能力外，还要具备较高的财务风险意识，这是一个财务工作人员应该具备的基本专业素养。但是在实际的工作中，财务工作人员由于自身能力的不足以及公司相关制度的不完善，缺少完善的监督和审查机制，对投资集团公司内各公司涉及的领域认知不足等因素，导致投资集团公司财务人员只能以自身能力范围完成分内基本性的财务核算和资金管理工作，财务风险意识相对欠缺并且缺乏足够的全局观，财务知识和管理观念相对滞后，尚未建立起诸如时间价值、风险价值等科学的财务管理理念。因此，在各所属子公司间的财务信息收集整理、财务风险反映防范以及资金调度控制监督等方面工作存在迟滞现象，导致投资集团公司与子公司之间的信息传递出现失真、断层、滞后等情况，管理工作缺乏秩序，不成体系；投资集团公司资金运作不规范，无法形成有效的资金管理体系，导致投资集团公司内部资金资源配置不均衡，无法发挥资金使用效益最大化，集团母公司无法有效监督和管理子公司，对管理层的科学合理决策产生相应的影响，容易引发财务风险。

二、增强投资集团公司对财务风险管理的能力

（1）建立风险管理组织体系。为了增强投资集团公司对财务风险的管理，投资集团公司应该建立一个科学有效的组织机构，机构的组成应该是董事会、风险管理委员会、高级管理层、分管经理、风险管理部门和审计监督部门等。其中，董事会担负整个财务管理的最终责任，在其下面设立风险管理委员会，董事会还要赋予其对日常风险进行管理的职能，而风险管理委员会应该定期向董事会报告相关的财务风险管理事项。高级管理层是财务风险管理工作的主要负责人，应有熟悉各子公司各领域的专业人士。风险管理的直接责任人则是分管经理，同样应有熟悉各子公司各领域的专业人士。风险管理部门是保障各子公司及业务部门保持紧密联系的管理系统，其主要负责制定具体的风险识别方法以及控制的方法，并将风险情况定期向上级汇报。除此之外，还应该设立一个审计监督部门，主要负责监督风险管理部门，对相应的风险控制制度进行检查和评价，并直接定期向董事会汇报工作的实际状况。

（2）完善投资集团公司的内部控制制度。投资集团公司应该根据自身的实际情况，再结合其目前的管理控制制度，将全面的风险指标依据相关的流程，将风险的关键控制点逐个分解到各部门，保证风险管理控制的有效实施，将经营活动中的业务流程以及重要的岗位进行明确的规定，构建统一的会计操作系统控制、全面预算控制、资金授权审批控制、不相容岗位分离控制、绩效考评控制、运营分析控制、日常审计控制、培训学习控制以及证章管理控制等制度，逐步完善统一投资集团公司内部各项管理规章制度，构建合理、科学、有效、高效的监督管理机制，从内部控制上做好财务风险防范工作。

（3）构建风险信息管理预警系统。投资集团公司在构建相关的风险预警指标体系时，应该依据前瞻性、科学性、经济性以及全面性的原则，主要是根据财务报表、损益表、资产负债表以及现金流量表等相关内容，建立有效、科学以及合理的指标，主要是对投资、融资以及资金运营等财务风险进行预警，并且提出相应的防范措施。在构建风险管理预警机制中，应该包括：投资风险预警指标体系，具体涵盖了净资产收益率、追加投资款率、主营业务收益率、投资规模比率、净收益营运指数、主营业务资产销售率等；融资风险预警指标体系，其主要反映的是企业的偿债能力，具体指标包括短期负债率、负债权益比率、现金比率、超额负债比率、已获利息倍数、速动比率、资产负债比率以及流动比率等；资金运营风险预警指标，具体包括存货周转率以及存货的周转天数、总资产周转率、资金安全率以及安全边际率、营业现金流量指数等，这些财务风险预警指标都从不同方面反映了投资集团公司受这些指标的影响程度。

在构建风险管理预警机制中，还应该包括提升全员风险与责任意识，培育全员风险管理文化，让每一位员工在自身工作中切身体会风险管理的重要性，让风险管理深入人心，使风险防范成为一种自觉的意识，以便在日常工作中自觉规范自己的行为，做好风险预警和防范工作。

（4）构建重要投资决策评估体系。一个完善、科学的投资决策机制是保证投资集团公司的投资获得最佳效果的基础保证，但是在实际过程中，投资集团公司的投资机制常常存在着不完善的现象，而完善、有效的投资决策机制首先要做好投资集团公司短期、中期、长期的发展规划，解决好短期、中期、长期的投资比例，控制举债规模，提升投资效益；其次，要建立一个风险评估机制，在进行重大投资决策时应该对投资的对象的可行性以及风险进行评估，可以构建专家委员会咨询部门，此部门可以由投资集团公司内部的专业人员组成，也可以聘请外面经验丰富的专家来召开相应的研讨会，为投资决策提供可靠的意见及建议；再次，还要构建投资项目的审批制度，对投资项目方案的审批要按照严格的规章制度以及流程进行，通过之后才能实施；最后，对投资的过程建立一个监控机制，在投资项目实施之后，投资集团公司应该专门指派人员对投资项目进行监督、跟踪以及评估，将收集到的信息进行定期的反馈。

综上所述，投资集团公司在经营的过程中会遇到众多的财务风险问题，应该及时制定有效的措施对财务风险进行监督、预测以及防范，确保投资集团公司的财务工作正常运行，这样既保证了投资集团公司的发展，也保证了我国国民经济的稳定发展。

第六节　电信企业工程投资的财务管理

本节首先分析了电信企业工程投资的特点和财务风险，然后从建立内部控制体系、健全信息管理体系、重视工程投资的核算、提高资本性支出的财务分析和提高财务人员素质五个方面提出了加强电信企业工程投资的财务管理的策略，希望能给我国电信企业人员带来参考价值，促进企业本身更好地进行财务管理。

电信企业是为人类社会的通信带来便利的企业，其资金往来非常频繁，既要在成立之初筹得大量的资金，在企业发展的过程中，也要为了满足顾客的需求而不断地进行工程项目的投资。我国的电信企业的投资都是带有一定风险性的，电信企业的财务管理作为企业管理中的一部分，发挥着至关重要的作用。

一、电信企业工程投资的特点和财务风险

（一）电信企业工程投资的特点

我国电信企业的投资主要有以下特点：① 电信企业投资金额大，有的甚至投资十几亿元甚至更多，并且一些通信工程项目建设的时间长，投资的持续性就强。② 在企业进行投资立项时，审批环节多、等候时间长，有的实施地域广的项目，具体落实项目时可能会发生较大的改变，从而影响财务工作。③ 企业投资的工程项目很多建设周期都比较长，这就使部分资本性支出的财务账目历经很多年份，导致资金核算比较复杂。④ 通信设备的寿命有限，技术手段也在不断地革新，所以导致电信企业的投资效益具有不确定性。以上的这些特点都会使得企业投资项目发生变动，从而给财务管理带来困难。

（二）电信企业工程投资的财务风险

电信企业工程投资也具有一定的风险，包括以下四种：① 战略投向风险，一旦企业具体开展工程变革，与项目审批的各环节有较大差异或超出审批权限时，财务资金就会与初期投资预算不符，从而引发风险。② 实际价值预估的风险，当企业采购招标的管理不严格时，就可能发生工程成本增多的状况，在一次次累积之中，会发生实际价值与成本预估不符而导致成本失控的风险。③ 电信企业的资本支出主要受市场需求的影响，有时会发生资金失衡的风险。④ 有的企业不在财务报表中列出资本性支出，使得企业不能根据支出情况做出有效的判断，导致出现潜在的财务风险。

二、加强电信企业工程投资的财务管理策略

一旦电信企业工程中有环节做得不当，就有可能影响资金情况，从而影响财务管理的

效率与质量，所以电信企业的财务管理不能只关注账目资金本身，还要对其他核对环节进行管理，其中的管理策略主要从以下几个方面展开。

（一）建立内部控制体系

加强电信企业工程投资的财务管理，重点要做的就是建立内部控制体系。这要求企业对工程项目建立、初设、采购到终验等一系列的环节都要建立控制法规和制度，并且严格执行。企业可以赋予财务人员一定的权力，让其在各关键节点中参与监督和控制。例如，在工程项目合同签订的重要阶段，企业的财务人员要参与进去，不能流于表面形式，要根据工程资金等问题发表见解。同时，企业也应该在内部控制体系中明确监督负责人的控制事项及责任范围等，赋予其考核权和否决权，从而为财务人员对基建项目的财务管理监控提供支持。

（二）健全信息管理体系

健全信息管理体系也是加强电信企业工程投资的财务管理策略之一，电信企业要将工程投资的项目至少分为工程项目管理部门、实施部门和财务管理部门三个部门。各部门之间一定要紧密联系，将项目信息、项目进展等相关情况公开展示出来，以便相关领导做出正确的决策。同时，财务部门要建立项目资金核算体系，积极根据反馈的信息进行资金管理。例如，财务部门人员可以给每个项目和各阶段的实施情况进行编号，之后通过互联网技术在计算机上将各项目连接起来，建立对应的信息台账，进行具体的管理。

（三）重视工程投资的核算

电信企业要想科学地控制内部资金，就要重视工程投资的核算。这要求企业财务人员要在工作中细心认真，在核算任务时不能错过任何一个项目。具体来讲，企业可以采取以下措施：① 初设的批复只对采购环节生效，具体的项目实施和资金运行要按照批复后的设计去执行，这样就可以减少变更情况的发生。② 为了提高财务人员投资核算的准确度，工程项目各环节要有工作人员进行信息记录，并以统一的编制提交给财务部门人员，然后再进行核算。③ 为了使企业财产达到可用状态，企业工程部门必须进行条件暂估与项目验收，并上交书面证明材料，财务人员根据预估价值与实际支出的情况进行调整控制。

（四）提高资本性支出的财务分析

企业的资本性支出包括资产负债结构、现金流等很多部分，电信企业的资本性支出决定着企业的现有成本与生产能力，所以在进行财务管理时一定要注意提高资本性支出的财务分析水平，并且注意科学地进行会计数据的统计。同时，还要加强资本性支出的展示效果，为各项内容的处理方法制定一个具体的规范。例如，安排好各项目资本性支出的时间等。因为部分电信企业是与其他企业联合投资，所以要注意待摊费用的相关事宜。对于设备的采购和安装，要进行质量监管，尽量避免设备损坏或退回厂家的现象发生，在这期间要明确资本性支出的金额，并准确在报表中标明预算差异、完成金额、本期负债等内容。

（五）提高财务人员素质

以上的各种工作都需要财务人员的配合与管理，如果电信企业财务人员的素质不到位，很有可能在工作中出现失误，甚至给企业带来财务风险。所以，企业一定要提高财务人员素质，一方面要提高财务人员的职业道德修养；另一方面要提高财务人员的专业技能水平。例如，企业可以开展培训与考核，加强工作人员对于信息技术的掌握程度，对于新开发的互联网财务统计技术进行实操训练等。另外，企业还要注意明确财务部门人员的职责，安排适当的人员进行财务核算、监督、审查工作，提高财务人员的责任意识。

综上所述，因为电信企业工程投资的种种特点，其在促进企业发展的同时也会给企业带来一定的财务风险，所以企业一定要重视自身的财务管理工作。而财务管理涉及的方面很多，基本渗透在企业工程投资的各环节中，所以在进行管理时，一定要严格细致地建立管理体系，进行内部控制，采取以上种种策略防范风险，从而使电信企业安全平稳地运行。

第七节　电力企业投资价值的财务管理

随着电力企业投资管理制度的改变，价值财务管理成为电力企业投资管理的主要部分。研究电力企业投资价值财务管理的特性，形成良性机制，对整个电力企业投资运营具有十分重要的意义。

一、电力投资决策

企业投资价值财务管理是指为电力企业投资能够在经济寿命周期内高效、充分地发挥效益，而必须筹集足够的资金对电力企业投资在运营过程中的耗费进行及时、足额的补偿的财务管理形式。由于投资的所有权和经营权分离，投资的受托者有向投资委托者解释、说明其活动及结果的义务，财务管理的目标是报告投资受托管理的情况。基于历史成本计量基础所形成的信息是最可靠、最真实的，而且是可以稽核的。但是随着会计环境的转变，以历史成本为基础编制的会计报表既无法反映投资受托者的真实经营业绩，也不能提供对经济决策有用的信息，于是决策有用观便应运而生。电力企业投资决策者的决策模式和信息要求决定了财务管理信息的内容、种类和披露的深浅程度。财务价值管理在时间的分布上既表现为过去的信息，又表现为现在的信息，更表现为将来的信息，因为决策总是面向未来的。而投资价值财务管理就是这些计量属性的复合，其重要特征之一就是面向现在、面向未来，能够及时反映环境的变化，提供与投资决策最为相关的会计信息。因此，电力企业投资价值财务管理实质上是对会计计量提出的一种新的要求。

二、电力企业投资价值

在市场经济条件下，电力企业投资价值财务管理不仅会影响电力企业投资的有效利用和可持续发展，而且关系国家与城市电力事业和基础建设发展的问题。随着电力企业投资管理制度的改变，价值财务管理成为电力企业投资管理的主要部分。电力企业投资价值财务管理体制与电力企业行业特性、电力企业投资经济特性密切相关。目前电力企业投资价值财务管理主要指责、权划分问题，投资主体问题，管理权限问题，经营管理者责、权、利关系问题，效益补偿途径问题，等等，指一定时期内电力企业已实现的投资收入与相关的成本、费用之间的差额。按照财务管理分期基本假设，遵循历史成本、配比和收入实现原则，通过对报告期内每笔交易进行确认计量后综合得出的。电力企业投资价值财务管理不仅要追求可靠性、可计量性和可验证性，还要考虑通货膨胀、资产持有利得、商誉以及价值变动所产生的影响。

电力企业投资主体根据国家电力企业投资产业政策，对需要政府参股、控股的电力企业投资建设项目进行直接投资，拥有包括投资和融资决策权、财产收益权、资产经营权和相应经营管理权等权利，对国家参股、控股的电力企业投资项目从项目策划、资金筹措、建设实施、债务偿还以及国有资产保值增值实行全过程负责。国家投资主体与被投资项目（企业）之间通过资产纽带形成出资者和被出资者的关系，电力企业投资主体对被投资项目（企业）按其出资比例依法享有所有者权益。更确切地说，是实行产权管理，从而实现政府行政管理和产权经营管理职能的分离，其明确的职能将有助于引入竞争，从而形成可持续发展的管理方式。

电力企业投资主管部门可对一些从整体上分析经营性效益较好、公益性任务不太重的电力企业投资项目招标，并在此基础上确定投资主体。但为便于管理，原则上只确定国有投资主体或以其作为控股股东。对于一些从整体上分析财务效益较差的全方位利用电力企业投资枢纽信息项目，电力企业投资部门可通过试行制度确定管理方式。

三、全面调查和研究投资目标

电力企业投资主管部门通过各种途径和渠道寻找具体的目标后，还应收集电力企业投资有关生产经营等各方面的信息进行评价和对比，包括电力企业投资的产业环境信息、投资目标财务状况信息、投资目标经营能力信息、投资目标可持续潜力、投资目标可控资源分布区域等。电力企业投资主管部门在对收集到的信息进行全面、具体、细致分析的基础上，还应依据企业投资目的对各项目进行筛选，并最终确定符合电力企业发展要求的项目。应该注重：电力企业投资的资源与本企业的资源是否具有相关性和互补性；电力企业投资是否具有核心能力或核心产品；电力企业投资是否能够巩固和提高本企业的竞争能力和竞争地位，是否能够扩大本企业的市场占有份额。

四、加强电力企业投资项目的可行性研究及评估工作

真正把可行性研究与建设期纳入项目管理的核心内容，避免因盲目上马而造成经济上的巨大损失和可能埋下的各种隐患，以期获得最大的经济效益和社会效益。应以电力企业投资专项规划为指导，逐步形成规划一批、研究一批、储备一批、实施一批的电力企业投资项目序列。根据实际情况，要编制电力系统改造、安全环保治理、节能、电力设备更新以及一线环境专项规划，以电力系统改造专项规划为重点，全面、系统、整体规划，其他专项规划以电力系统改造专项规划为基础进行编制，做到项目不重复，也不遗漏。电力系统改造专项规划要以原有的区域为目标，以改造提升为中心，以 5 ～ 15 年的生产预测为基础，做到地面与地下相结合、近期与长期相结合、点与面相结合、主要工艺与配套系统相结合，做到规划安排与产能建设、消除安全环保隐患、设备更新相统一，做到系统全面、统筹考虑、整体规划，既要考虑解除生产瓶颈，又要彻底消除安全环保隐患。重点电力建设的规划方案要经公司审查，形成会议纪要，明确整体规划思路、技术方案、分步规划安排，按照审定的规划方案进行分步分年项目安排。一般情况下，未列入专项规划的项目不安排前期工作。项目立项审批后，应纳入公司前期工作计划，明确项目前期工作运行时间安排和工作要求，建立项目储备库。

电力企业投资决策和投资项目应重点审查是否按立项批复开展设计，明确投资限额，采取限额设计。应明确主管部门负责总体协调项目设计进度，实行项目网上运行管理报告制度。各单位通过网络上报项目运行进度，由主管部门汇总后，以生产视频会等形式向公司领导进行报告。协调和监督项目前期工作运行，加快初步设计、概预算编制和审查进度，提高项目前期工作质量，严格项目投资控制。电力企业投资价值财务管理是一项专业性很强的工作，投资、质量、招投标、合同管理都需要高素质的人才，应当把专业队伍建设作为重要方面。电力企业经营管理者应努力更新知识结构，树立投资运营的效益观、市场观，增强风险意识，提高决策能力和应变能力；促使经营管理者合理运用现代科学管理手段和方法，积极探索适应市场经济和企业自身实际的灵活有效的投资价值管理模式，不断推动企业管理水平的提高，以保证企业资产运营的成功；要逐步创造条件，形成一批专业性的投资与管理机构活跃在市场上的局面，并引入竞争机制，提升投资价值。

第八节　旅游投资项目的财务风险管理

近年来，随着国民经济的不断发展，人民生活水平得到了显著提高，对于休闲娱乐的生活需求更加关注，为旅游投资项目的发展创造了良好机遇。

旅游投资项目是通过相关旅游产品的打造为游客提供专业旅游服务，由于其需要花费

大量的资金、人力、物力资源进行投资，收益回笼周期较长，因此存在一定的风险管理问题。基于此，本节通过系统梳理旅游投资项目的主要特点，明确其主要风险类型，提出从强化项目风险防范意识、整合各方信息资源、建立健全项目管理机制与强化项目风险管控四个方面加强旅游投资项目的财务风险管理，以有效降低风险损失，确保投资项目效益的最大化。

一、旅游投资项目的主要特点

（一）综合性

旅游是集吃、住、行、娱等为一体的综合性休闲项目，必须充分保障各要素间的协调统一，才能实现旅游价值的深入挖掘，为消费者提供更优的服务保障。因此，旅游投资项目要想实现有效推广，除要保障规模效应外，还要强化行业间的沟通联系，提升酒店、交通等配套基础设施的建设，打造综合性旅游投资管理项目。

（二）不稳定性

旅游业由于受市场需求影响较大，因此投资项目呈现出明显的不稳定性。首先，就消费群体而言，其文化水平、经济收入、职业等的差异，决定着其在旅游产品的选择方面会有所不同；其次，就市场环境而言，投资项目受国家政策、制度规范等影响，需要适时进行有效调整；最后，就自然环境而言，受季节、气候等影响，投资项目呈现出季节性的差异。

（三）项目投资规模大

社会经济的快速发展，使人们在旅游产品的选择上出现需求多元化的发展趋势，对服务质量、旅游线路等要求更高，需要在项目投资中正视现实情况，强化项目配套设施建设，拓展项目覆盖范围，以全面适应市场发展需求，这就需要加大项目投资的规模。

（四）收益回收周期长

投资前期为了确保项目规模，需要花费大量的资金进行投资，且主要集中于不动产的建设上，资本周转需要较长周期。由于旅游业本身有季节性收益差异，淡季与旺季收益不平衡，会造成收益回收周期在一定程度上有所延长。

二、旅游投资项目的主要风险类型

（一）系统性风险

（1）政治环境风险。政治环境风险是指旅游投资项目可能受项目所在地国家政策或一国政治事件的影响而产生的风险问题。稳定的政治环境是旅游业顺利开展的重要前提，如果出现不稳定的政治事件，如国家政权的不稳定、政治体制的变革与社会暴动等事件，会导致旅游需求受到不同程度的影响，加剧投资收益回笼的难度。

（2）宏观经济风险。宏观经济风险主要是指由于宏观经济环境的变化而产生的风险问题。一方面，受整体经济发展水平的影响，居民消费能力的高低决定着其对旅游产品的需求规模；另一方面，受其他配套产业发展情况的影响，如交通、通信、酒店等相关产业的发展水平也对旅游投资项目的发展有一定的影响。

（3）自然环境风险。自然环境风险主要是指旅游投资项目受来自自然的不同因素影响存在发生风险的可能性。许多自然景观本身对自然环境的依赖程度较高，其配套的观赏、休闲养生项目如果对环境造成污染或破坏，就会导致旅游投资项目有被叫停整顿的风险；同时，地震、洪水等自然灾害的发生，也会对投资项目产生不利的影响，如果不加以及时应对，就会造成严重的经济损失，且该类风险的可控性较低，风险隐患较大。

（4）政策风险。旅游业是一个以市场需求为导向发展的第三产业，受市场变动的影响较大，整体上属于弱势产业，离不开相关政策的扶持。就国内而言，其主要受中央与地方政策的影响，需要及时洞悉国家政策的动态，明晰市场发展趋势，以有效识别风险因素。同时，该风险还包括一些诸如风土人情变迁、宗教信仰影响等系统性风险因素，因此需要加强政策研究，做好有效应对。

（二）非系统性风险

（1）项目设计风险。项目设计风险是指对于旅游投资项目的方案规划、设计、布局等环节中处理不当可能存在的风险因素。项目设计的科学性直接决定着项目的市场发展空间，因此必须组织专业人员深入市场调研，综合各方面环境因素进行系统规划与设计，以深入挖掘项目的投资效益，为旅游投资项目的科学运营与管理创造有利条件。

（2）项目施工风险。项目施工风险是指在项目建设过程中，需要进行一系列配套设施的完善，在此过程中可能存在管理滞后、资金不到位、施工组织不健全等问题，而增加风险发生的可能性，造成项目施工进度缓慢、施工质量得不到有效保障等问题，影响旅游投资项目的正常运行。

（3）管理风险。管理风险是指旅游投资项目在管理过程中，由于缺乏科学管理理论的指导，人员管理水平有限，制度建设滞后，内部部门合作不畅等问题，造成投资管理效率低下，影响投资项目进度。特别是近年来市场专业管理人才的紧缺，使得旅游投资项目对于人才的需求更加迫切，在市场信息不对称的影响下，寻找到合适的管理人才更加困难。

（4）市场风险。旅游投资项目实施的主要战略目标是根据市场发展需求，生产与之匹配的旅游产品或服务，因此保障其市场适应性是关键所在。在实际运行过程中，由于相关人员对项目管理缺乏系统安排，不能深入市场进行实地调研，对市场竞争形势把握不清，就会造成产品定位出现偏差、市场推广效果不佳等问题，影响项目效益的充分发挥。

三、旅游投资项目加强财务风险管理的主要对策

（一）强化项目风险防范意识

旅游投资项目受不同风险因素影响，其风险可能性也会有所差异，最终造成的损失程度也很难估量，因此必须强化项目风险防范意识，将风险控制在最小范围内。项目投资的相关决策必须在科学统筹的前提下进行有效规划，要重视决策的科学性、权威性与可行性，强化项目投资的科学部署。针对项目选址、设计规划与具体施工等不同环节，强化全过程动态风险监管，成立专门的风险管理机构，针对风险因素进行有效识别与评估，以采取针对性的防范措施进行管控，强化项目整体的风险管理水平。

（二）整合各方信息资源

综合当前诸多旅游投资项目失败的案例，不难发现大多是由于对项目相关信息资源的收集与处理不及时，造成对国家大政方针、市场动态等信息掌握不足，投资决策过于盲目，造成风险问题的产生。在项目投资过程中，会涉及多主体间的沟通与合作，需要就投资方与实施单位、经营主体等不同利益之间的信息实现及时共享，因此需要重视各方信息资源的有效整合。综合应用信息技术手段的优势，充分挖掘不同主体的优势，在确保各方利益的同时，强化信息共享，提升市场信息对称性，夯实部门主体责任，确保各类风险隐患保持在可控范围内。

（三）建立健全项目管理机制

完善的制度体系是实现项目稳定发展的重要前提，旅游投资项目必须加强项目管理机制的不断健全与完善，强化内部控制与管理水平，细化制度内容，规范操作管理流程，夯实人员职责，确保风险管理覆盖项目投资的各环节。同时，将项目管理与人员考核相挂钩，明确考核标准，强化参与主体的责任意识，加强日常监督，确保人人能够自觉规范行为，积极参与项目的财务风险管理。

（四）强化项目风险管控

为有效提升项目的风险管控，需要针对项目的具体实际深入开展前期调研论证，立足市场发展的大环境，准确把握动态发展规律，明确当前政策规划，提升项目的科学性。同时，建立旅游投资项目风险动态监管与报告机制，针对不同的风险因素实施可行的应对方案，降低风险损失，提升风险预警，保障投资项目的稳定发展。

当前，随着旅游业的日渐成熟，市场旅游投资项目迎来了新的机遇与挑战，相关人员在抓住发展契机的同时，要强化风险防范意识，立足旅游投资项目的实际，有效识别风险因素，强化全过程风险管控，以有效降低风险损失，确保投资项目效益的最大化。

第五章　财务融资管理

第一节　企业融资财务管理的思考

　　财务管理工作是企业生存和发展的基础，企业财务管理活动离不开融资，资金是企业发展的动力源泉。随着企业经营规模的扩大，资金需求量不断增大，需要通过更新融资管理理念、提高财务人员素质、拓宽融资来源渠道、规范融资工作流程等措施，强化企业融资功能，增加资金供给，满足资金需求，提高资金使用效益，制订科学的融资方案，以较小的成本获得较大的收益，实现资本增值，促进企业持续稳定发展。

　　随着经济全球化的来临，企业竞争日趋激烈，企业竞争既是科技竞争，也是管理竞争，凸显了加强企业财务管理的紧迫性。财务管理工作是企业生存和发展的基础，是企业管理的重要组成部分，关系企业正常运行和长远发展，企业发展离不开财务管理，财务管理活动贯穿于企业经营中的各环节，涵盖筹资、投资、预算、运营、回收、分配等诸多环节。财务管理的对象是资金运动，财务管理活动每一个环节都涉及资金运动，企业筹资是财务管理活动的起点，没有资金，企业财务管理活动将无法开展。

一、我国企业融资管理中存在的问题

　　长期以来，我国部分企业管理者融资理念淡漠，认识不到融资的重要性，权力过度集中，对融资管理工作进行随意干预，融资管理制度形同虚设；财务管理人员紧缺，身兼多职，职责分工不明确，存在着违规操作和会计舞弊等现象，人员素质有待提高；企业融资渠道狭窄，融资成本较高，满足不了企业的融资需求，过度依赖银行贷款，导致企业过度负债；缺乏准确的融资战略定位，融资方案缺乏科学性与可行性，企业信用等级较低，导致融资结构不合理，加剧了融资困难，加大了企业融资风险。

二、企业融资与企业财务管理的关系

　　融资是企业依据自身发展需要筹集资金的行为，是企业财务管理活动的起点，是企业拓宽融资渠道和增加资金供给的重要途径，企业融资与财务管理关系密切，二者相互联系、相互影响，企业财务管理活动离不开融资管理，融资也离不开财务管理人员支持。财务管

理能力的提高与融资渠道的拓宽都有利于企业战略目标的实现。融资具有双面性，既给企业带来发展机遇，实现企业资本增值，提高企业经济效益，也给企业带来融资风险。同时，融资的不确定性也给企业带来一定的风险。

三、加强企业融资管理的对策建议

随着企业规模的扩大，企业资金需求量增大，融资渠道日益增多，融资风险也日益凸显，需要提高财务管理人员的融资能力和风险防范能力。制订科学的融资计划，规范融资工作流程，拓宽融资渠道，提高资金使用效率，选择风险适度的融资方案，加强财务风险分析与监控，优化融资组合方式，降低融资成本，以最小的成本获得最大的收益。融资成为企业扩大生产经营的有效途径，可以满足生产规模扩大的资金需求，促进企业长远和高效地发展。

（一）更新融资管理理念

（1）树立以人为本理念。树立企业全体员工以人为本理念，人人关心企业融资，充分认识到融资管理的重要性，将人本管理思想贯穿于企业融资管理活动的始终。加强员工职业道德教育，提高其思想道德水准，激励全体员工做好本职工作，自觉遵守各项融资管理制度，完善企业内部管理奖罚机制，增强全体员工工作的责任感与使命感，建立诚实守信与敬业爱岗的企业文化，努力提高企业声誉与威望；财务管理人员需要按照不相容职务分离原则，明确工作职责范围，加强分工协作，使不相容岗位和职务之间相互配合、相互牵制与相互监督，建立定期轮岗制度，及时发现财务管理漏洞，为开展融资管理营造良好的环境，紧紧围绕融资管理开展工作，对融资过程中可能出现的风险进行提前预测，降低融资风险，保证企业资金使用的合理性与安全性。

（2）树立成本收益理念。在企业融资过程中要树立成本收益理念，坚持成本与收益配比原则。建立以成本控制为手段的融资管理制度，确定资产与债务的合理比例，提高企业资金使用效率，增强企业债务偿还能力，以最小的成本获得最大的收益。加强财务管理人员的学习与培训，将理论与实践结合起来，增强其综合素养与能力。采用先进的信息技术建立财务管理平台，提高融资方案的科学性与可行性。充分考虑市场的发展变化情况，加强融资风险预测。通过风险预警、风险识别、风险评估、风险分析等措施，及时调整融资方案，在收益与风险之间找到最佳的平衡点。尽可能选择风险较小的融资方案，降低融资风险，保证资金安全，增强企业盈利能力，提高企业的竞争力与抵抗风险的能力。

（二）提高财务人员素质

企业财务人员是财务管理工作的主要执行者与责任人，担负着开展财务管理活动的职责与使命，其综合素质与专业能力高低直接影响着财务工作质量。随着信息化社会和经济全球化时代的来临，信息技术迅猛发展，知识更新速度越来越快，资本市场变幻莫测，企业所面临的财务环境日益复杂，财务风险时常出现，对财务管理人员的综合素质与专业能力要求越来越高。要求财务人员具有良好的道德素质，德才兼备，敬业爱岗，诚实守信，廉洁自律，增强工作责任感和使命感，遵守职业道德规范，坚决制止以职谋私和徇私舞弊等违法行为，维护国家财经法规，严格遵守财务管理制度，确保财务信息真实准确、资金使用合理有效、资产保管安全完整；要求财务人员具有良好的专业素质，博学多才，知识全面，专业精通，综合能力强，通晓专业理论，具有完备的知识结构体系，熟悉财务管理、会计、管理、金融、法律以及计算机网络等多学科知识，具有财经、法律、信息技术等多元化知识结构，及时更新知识结构，拓宽知识的广度与深度；具备业务操作能力、信息处理能力、职业判断能力、参与决策能力、沟通协调能力，熟悉日常财务业务处理流程与操作，能够收集整理与判断分析各种财务信息活动，具有互联网思维和创新意识，熟悉现代信息技术，能熟练地运用计算机与财务软件，拓宽专业视野，及时了解财务专业前沿的发展动态。财务人员必须顺应时代发展潮流，与时俱进，坚持学习，树立终身学习的理念，加强财经法规、职业道德、专业理论以及信息技术等知识培训，提高自身的专业素质。企业管理者必须加强财务管理人员的业务培训与考核，通过业务进修、专题讲座、学术研讨等形式提高财务人员的专业技能和业务素质，健全绩效考核制度和激励机制，把财务人员的业务培训与业绩考核结合起来，促进财务人员提高财务管理能力。

（三）拓宽融资来源渠道

资金是企业经营活动的血液，是企业生存的命脉，资金运动是企业财务管理的核心内容，企业财务管理活动是围绕资金运动开展的。从企业内部来看，企业必须合理运用资金，科学配置资产负债比例结构，提高资金使用效率，加快资金周转速度；从企业外部来看，企业必须抓好资金的源头，积极筹集资金，重视融资管理，拓宽融资渠道，采用多种融资方式增强企业融资能力。随着企业经营规模的扩大，对资金的需求随之加大，仅仅依靠企业内部融资已经无法满足企业发展的需要。企业融资渠道多种多样，可以分为内部融资和外部融资。内部融资包括企业投资者按照持股比例注入企业的资本金、企业经营过程中以盈利方式获得的资金、企业股东增资扩股追加的资本金以及企业向内部员工配股发售集资的资金等；外部融资包括企业通过抵押、担保、信用的方式向银行贷款，企业通过证券市场发行股票和债券融资，接受合作方投资资金，以及临时占用应付暂存款项等短期融通资金。外部融资逐渐成为企业融资的主要渠道，主要依靠银行贷款，银行贷款比重逐步加大。企业遵循成本收益原则，需要考虑企业财务状况和偿债能力，遵纪守法，诚实守信，树立企业品牌形象，提高企业信用等级，建立良好的银企关系，客观真实地向银行披露财务信息。各金融机构应根据国家金融政策和企业发展需要，尽量放宽企业贷款限制与贷款额度，满足企业融资需求，支持企业经济发展，促进企业长远发展。

（四）规范融资工作流程

企业必须规范融资工作流程，建立融资管理制度，控制融资管理进程，细化融资过程中的每一个环节，集中管理、分级授权、责任到人，将融资管理与内部控制结合起来。按照成本收益原则，加强资金日常管理，掌握资金使用情况，做好资金事前审批、事中控制、事后评价工作，重视资金运行情况的披露与分析；制订科学合理的融资战略规划，考虑到国家融资政策、企业经营特点、财务状况、未来发展目标等情况，选择合适的融资渠道和融资方式，明确企业融资规模与融资结构，加强融资规模、融资成本以及融资风险的测算与评估，及时预测潜在的融资风险，降低融资成本与风险，确保融资规模大小与企业融资能力以及未来发展目标相适应；制订科学合理的融资方案，提高融资方案的科学性与有效性，严格按照融资工作流程要求，对多个融资方案进行比较分析，选择风险最小且成本最低的融资方案，提高融资方案和融资过程的透明度，选择企业最佳的融资渠道，依照企业实际生产经营、财务状况的变化情况不断优化融资方案、优化融资渠道、降低融资成本，实现对企业资源的合理配置，满足企业融资需求。

综上所述，财务管理是企业管理的重要组成部分，财务管理对象是资金运动，财务管理活动离不开资金，资金贯穿于企业生产经营活动的全过程，资金是企业发展的助推器。随着经济全球化和我国经济的快速发展，市场竞争变得越来越激烈，企业生存与发展环境发生了很大的变化，企业扩大生产规模，资金需求越来越大，融资渠道较窄和融资困难等问题制约着企业发展，资金短缺使得企业发展后劲不足。企业需要认识到财务管理与企业融资的相互联系与相互依存关系，企业必须强化财务管理的融资功能，拓宽融资渠道，扩大融资规模，增加资金供给，在融资过程中强化成本效益理念与责任意识，优化企业资源配置，合理使用资金，提高资金使用效率。加强融资管理，必须更新融资管理理念，提高财务人员素质，拓宽融资来源渠道，规范融资工作流程，增强融资方案的科学性和合理性，有效降低融资风险，提高企业经济效益，增强企业核心竞争力，保持企业持续稳定发展。

第二节　企业财务管理与企业融资渠道问题

社会经济快速发展，市场竞争日趋激烈。企业为了保证自己在激烈的市场竞争中不被淘汰，依然保持独特的优势，促进企业经济效益稳步增长，必须不断加强企业自身内部控制，提高财务管理水平，拓宽企业融资渠道，扩大融资规模，尽可能地降低再投资和经营管理过程中可能存在的经济风险，以此不断提高企业资金使用率，保障企业资金良好运转。但是就目前而言，企业融资问题仍是我国大部分企业主要面临的重要问题之一，必须结合现实的市场环境，以及企业实际经营状况选择最佳的方式拓宽融资渠道，实现融资。

企业领导人员必须提高对企业财务管理和企业融资渠道开发重要性的认识，优化财务管理方式，不断拓宽融资渠道，从而有效解决融资难的问题。本节笔者将对企业财务管理与企业融资之间的关系进行详细分析，并对在企业经营管理中面对的企业财务管理与企业融资渠道的相关问题加以研究，最后提出提高企业财务管理水平，拓宽企业融资渠道的措施，以供参考。

一、企业财务管理与企业融资之间的关系

在企业经营发展过程中，企业财务管理与企业融资是密不可分、相辅相成的。融资是企业发展的重要环节，起着极其重要的作用。企业完成融资之后，会有充足的资金支持企业各项经济业务的开展，促进企业正常稳定运行，而企业财务管理是对企业融资集资、投资等各项资金进行管理，将这些资金加以分配，让资金到各运营项目中或各岗位中能够实现经济效益最大化，为企业带来更多的利润。在现阶段市场经济竞争日益激烈的背景下，企业只有不断扩大经营规模才能实现盈利，而扩大经营规模的前提，首先是企业应加强融资，扩大融资渠道，保证有更多的资金来源和资金能够支撑企业在未来扩大经营的过程中有充足的资金保障。

二、企业财务管理与企业融资渠道相关问题研究

（一）企业缺乏科学合理的财务管理制度

在企业经营管理过程中，企业财务管理是企业经营管理的重要组成部分，是企业所有项目运营的基础，只有科学合理的财务管理才能保证企业的其他所有部门正常运行，保证所有运营项目顺利稳定地开展。但是在实际经营管理中，财务管理内容非常复杂，工作量非常大。截至目前，我国并没有针对财务管理制定相应的法律法规和相应的条文制约，因此必须是企业根据自身行业的市场发展前景以及企业的实际经济效益和运营情况，制定适合企业自身经济发展的财务管理制度。但是由于我国部分企业管理人员对于财务管理的重要性认识不足，并没有及时制定相应的财务管理制度。

（二）企业内部财务管理权责不清，会计制度有待完善

由于我国大部分企业的管理人员对于内部控制的重要性认识不足，导致没有制定详细的内部控制制度，对工作人员的工作内容和职责没有加以详细划分，在企业财务管理中容易出现权责不清的状况，尤其是企业领导人员未将财务管理和会计核算工作加以详细区分，又没有制定适合企业发展的会计制度。企业领导人员还要将财务相关数据和管理方式牢牢抓在自己的手中，加强控制，对各项财务管理工作内容都加以干预和影响，导致企业无法借助财务信息提高自身竞争力，完成企业融资，影响企业的经济效益和正常运转。

（三）企业尚未建立健全融资渠道

在企业经营管理中，企业融资规模和融资渠道对企业经营发展有着至关重要的影响。企业融资规模大、融资渠道多，有利于促进企业不断提高财务管理水平，有利于扩大企业经营规模，为企业提供更多的资金支持，但是从目前的市场行情来看，我国企业财务管理在融资方面依然存在着问题。企业财务管理尚未建立健全融资渠道，融资渠道过于狭窄，融资困难，尤其是中小型企业很难实现融资，吸引更多的资金注入。企业在经营管理过程

中生产的产品缺少市场竞争力，缺乏专利技术加持，无法吸引投资人和银行的青睐。这样的企业不具备偿还贷款的能力，对于投资企业来说存在较大的风险。为此，企业尤其是中小型企业很难实现融资。

（四）财务管理工作人员素养低，管理水平低下

目前依然还有企业领导人员没有充分认识到企业财务管理对于企业经营发展的重要性，安排自己的亲朋好友到财务管理部门任职。亲朋好友都是不具备专业能力素养的财务人员，只能从事记账、跑腿类工作，将整个企业财务部门工作人员的专业能力素养拉低，导致企业财务管理水平降低，不利于企业各部门之间经济项目的稳定运行，容易导致企业在融资活动中出现各种各样的困难。

三、提高企业财务管理水平，拓宽企业融资渠道的措施

（一）建立完善的财务管理制度

企业财务管理水平高，有着科学合理的财务管理制度，能够促进企业财务管理各项工作有条不紊地进行，提高财务管理效率，促进企业各部门之间经济有效运转，并能结合市场行情变化以及企业实际经营状况制定相关财务数据报表，为企业领导人员做出正确的战略决策提供数据支持，让企业发展更加顺利。为了促进企业健康稳定发展，企业管理人员首先应建立健全完善的财务管理制度，严格控制企业各项运营资金的支出，提高资金使用效率，降低经济风险，从而保障经济的安全性，顺利实现企业融资。

（二）明确划分权责，完善会计管理制度

在企业经营管理过程中，为了实现企业融资，扩大企业融资渠道，提高企业财务管理水平，企业领导人员应提高对企业财务管理工作和会计核算工作重要性的认识，加强企业内部控制，明确企业各个部门管理人员和领导人员的权责范围，将工作内容划分清晰，保证各部门之间工作有条不紊地运行；同时制定完善的会计管理制度，将会计工作加以流程化、科学化处理；建立相应的财务监督部门，对企业财务工作人员的工作内容和工作方式以及企业资金支出明细加以监督，保障资金的安全性，减少挪用公款、贪污腐败等现象。

（三）丰富和拓宽融资渠道

截至目前，经过大数据调查发现，我国很多企业在融资过程中，普遍存在的一个问题就是融资渠道过于狭窄、过于单一。企业在实现融资时，只能根据企业所处行业和相关专业寻找融资渠道，使得融资渠道面小，无法快速实现融资，归根结底，也是因为企业发展战略和企业自身经营状况中存在的问题以及企业制定的战略错误，无法实现企业和融资企业利益双收。为此企业应充分正视这个问题，在经营管理中正视企业自身的财务管理水平，制定相应的数据报表，确保数据的真实性，优化管理方式，提高企业的财务管理水平和经营管理水平，丰富与拓宽融资渠道。

（四）提高财务管理工作人员的专业能力素质

企业财务管理对企业经济发展有着极其重要的影响，对于企业融资水平和融资数额有着至关重要的作用。为了促进企业顺利实现融资，企业管理人员应提高对财务管理工作重要性的认识。提高财务管理工作人员的专业能力素养，加大培训力度，招揽更多专业的财务管理工作人员，提高财务管理工作水平，强化财务管理理念，以便在后期企业顺利融资之后，能够以更加科学合理的方式将资金分配到各项经营项目中，提高资金使用效率，实现融资资金利益、利润最大化，降低资金存在的风险，确保企业健康稳定运行。

综上所述，通过对企业财务管理与企业融资之间的关系进行详细分析，并对在企业经营管理中面对的财务管理与融资渠道的相关问题加以研究，笔者认为在企业经营管理过程中，企业领导人员必须不断提高财务管理意识，加强企业内部控制，建立完善的企业财务管理制度，明确划分权责，完善会计管理制度，丰富和拓宽融资渠道，提高财务管理工作人员的专业能力素养，从而提高企业财务管理效率和水平，提高企业竞争力，促进企业丰富和拓展融资渠道，最终促进企业健康稳定发展，实现经济效益最大化。

第三节　政策性融资担保公司的财务管理

随着社会的不断发展进步，中小企业成为推动经济发展的一股重要力量，能够帮助解决社会就业等问题。中小企业融资较为困难，国家出台的融资担保政策为中小企业实现更好生存和发展提供了可能。本节对政策性融资担保行业的特点进行了阐述，分析了政策性融资担保公司财务管理中存在的普遍问题，最后对财务管理优化方式进行了讨论，给出了优化建议。

现阶段，融资担保公司要承担较大的经营风险，风险的主要来源是工作开展过程中较高的经营杠杆。公司在开展业务时一定要谨慎处理好公司和银行间的关系，避免担保风险升级，变成严重的金融风险和地方性金融风险。通过对政策性融资担保公司的调研可以发现，政府的各项资金补充和补偿机制仍然不够健全，征信平台与信息发布平台没有及时建立和完善，这对政策性融资担保公司的业务开展形成了较大阻力。

高效的财务管理能够促进政策性融资担保公司平稳发展，同时也能显著降低它们的经营风险。政策性融资担保对社会的和谐稳定具有重要意义，体现了我国金融环境的不断优化。中小企业通过政策性融资取得收益，能够促进社会经济进步。政策性融资担保具有诸多优势，但在具体的操作过程中仍会遇到许多问题。例如，政策性融资担保行业管理制度不健全、政府的资金补充和损失补偿机制不完善等，因此政策性融资担保公司在经营时有很多困难需要克服。

一、政策性融资担保行业概述

政策性融资担保行业的主要任务是为各种债务融资提供担保。商业银行通常认为小微型企业的信用问题比较严重，提供贷款要承担较大的金融风险，因此审核过程复杂、审核标准较高，而政策性融资担保公司正是基于小微企业的贷款需求提供信贷担保。政策性融资担保行业从产生之初就具有风险属性，可以说是"刀尖上的舞者"。传统政策性融资担保公司在发展过程中暴露出较多问题，主要包括规模较小、人才专业性不高、资金投入不足等。这些问题导致政策性融资担保公司的抗风险能力不足，一些政策性融资担保公司由于持续运营能力较弱，在公司起步阶段就入不敷出，在与商业银行长期的合作过程中没有占据优势地位，加之行业起步晚、行业基础薄弱、金融风险防控能力不足，并且缺少健全的财务管理制度，这都使得政策性融资担保公司在建立后的很长一段时间内都处于高风险、低收益的情况。可以说，政策性融资担保行业是金融风险抵御能力最弱的一个行业，也是最没有能力降低经营风险的行业。当经济上行时，小微企业能够迎来短暂的"春天"；当经济下行时，小微企业会很快进入"寒冬"，短期生存压力急剧增加。这种小微企业的生存压力变化导致政策性融资担保公司要承担更大的代偿风险。

二、政策性融资担保公司财务管理中存在的问题

（1）缺乏复合型财务管理人才。政策性融资担保公司通常有专门负责法律业务和金融业务的人才，丰富的人力资源推动了公司的发展进步，在公司规模进一步扩大后，对人才的需求也进一步提高，然而兼具金融专业知识和财务管理知识的综合型人才较少。大部分政策性融资担保公司的管理人员在公司规模不断扩大的过程中，没有认识到金融风险对公司的影响，忽视了行业高杠杆带来的各种风险。

（2）财务内部监管不力。政策性融资担保公司依靠严格的内部监管和准确的担保风险判断才能安全稳定地开展业务，在一定范围内，政策性融资担保公司可以有效地控制风险。由于财务内部监管不力，部分政策性融资担保公司为了追求高收益而开展非法的高风险业务，存在给不符合业务要求的企业进行担保的行为，最终给公司带来较大的经营风险。

（3）抵御风险能力不够。政策性融资担保公司由于风险识别能力较弱，在经营过程中不能有效地控制并化解风险。政策性融资担保公司在业务开展中最主要的问题是风险处理能力不足，在经营过程中存在的风险随时有可能放大，最终造成严重的经济损失。首先，政策性融资担保公司承接超过实际收入10%的责任金额，对可能带来的巨大风险就无法进行把控。因此国家确立的中小企业融资担保规定责任金额不得超过公司实际收入的10%，出台该管理规定的目的就是保护政策性融资担保公司，降低其金融风险。政策性融资担保公司没有配套的信息平台和完善的信息公开机制，就可能在经营过程中出现信息公开不及时、不准确的问题，使得监管机构对"公司实际收入的10%"的计算和判断出现严

重偏差。如果信息的准确性得不到保证，就会使公司为了追求利益而大幅度提升担保额度，最终在融资担保时承担超过公司承受能力的风险。其次，对融资担保过程缺乏专业判断。公司为加快融资速度，可能对会计数据信息进行更改，使财务报表上体现的业绩数据更"完美"，但这种做法会使政策性融资担保公司承担巨大的风险，一旦出现问题会影响公司的发展，甚至对公司造成致命打击。政策性融资担保公司缺少专业的手段对风险进行准确判断，导致公司风险抵御能力不足，不能采取正确的措施控制风险，阻止更大的损失。

三、关于优化政策性融资担保公司财务管理的思考

（一）完善内部控制体系

政策性融资担保公司要实现全面发展，需要以完善公司的内部控制制度和体系为切入点。

（1）建立有效的内部控制制度。政策性融资担保公司要实现有效管理，就要规范融资担保行为，按照严格的审计经营原则开展工作；建立有效的风险预警系统，及时发现并控制风险；成立专门的部门评估担保过程，并做好突发金融事件应急处置预案。融资担保是一种风险较大的财务行为，只有建立健全公司财务内部控制制度才能规避金融风险，更好地实现企业的发展建设。

（2）以完善的制度强化风险管理。政策性融资担保行业是一个高杠杆、高风险的行业，要采取有效的手段对公司的风险进行管控。首先，要健全审核制度。政策性融资担保公司要建立健全管理制度，完善相关管理办法，让融资担保过程有据可依。通过落实详细的管理办法全程监督融资担保前后涉及的评审过程、担保过程和代偿追偿过程。其次，要研究反担保方案。在担保过程中要注重对企业核心资产的控制措施及反担保措施，采取多种形式开展反担保工作。

（二）加强贷前、贷后管控

财务审核工作是融资担保中最为关键的一个环节，要严格审核主体的贷款资格、全面掌握信用记录、加强主体贷前管控。聘请专业审计机构的人员对贷款主体进行定期审计，以客观准确地了解企业的运营情况和财务状况，通过管控使企业的担保风险降到最低。

政策性融资担保公司不仅要在融资前与银行进行充分的沟通交流，还要在融资和担保过程结束后及时跟进融资企业的资金走向和使用情况，对贷后企业资产的异常变化进行常态化监督。

（三）调整财务管理侧重点

可以根据规模、结构、发展水平、成立目的等标准将财务担保公司分为很多种，融资担保公司因工作特点有不同的侧重。政策性融资担保公司在建设和发展过程中一定要清晰准确地设定公司财务管理侧重点，提高财务管理效率和财务管理水平。

政策性融资担保行业是一个高风险行业，政策性融资担保公司服务的贷款主体是规模较小的企业，给这些企业提供贷款担保，注入源源不断的资金。在业务开展过程中存在多种风险，财务管理工作存在较多问题，如缺少复合型财务管理人员、财务内部监管不力、管理规章制度不完善等。要解决上述问题，企业需要结合自身实际情况采取针对性措施，通过财务管理保障公司的长远发展。在现行经济形势下，政策性融资担保公司的业务量在不断增加，业务形式更加复杂，公司要实现长远发展，需要研究一套完整有效的风险管理体系，切实控制各项担保业务的风险。

第四节　国有企业融资过程中的财务管理

对于企业来讲，在发展过程中需要根据自身的发展特点制定发展战略及目标，然后通过相应的渠道及方法来筹集资金，从而保障企业在发展过程中能够拥有充足的资金支持。在社会经济快速进步及发展的背景下，国有企业在进行融资时渠道变得越来越多，但随着融资渠道变多的同时，国有企业进行融资时所面临的风险也在不断增加。所以，对于国有企业来讲，在进行融资的过程中，需要基于当前的市场发展背景以及企业可持续发展的目标，对融资过程中开展的财务管理工作进行加强，对融资风险进行有效规避。

本节就财务管理工作在国有企业融资过程中所发挥的重要作用，以及新时代发展背景下，国有企业融资中出现的财务管理问题和相应对策进行探讨，避免国有企业融资过程中面对大量风险，全面提高国有企业融资水平。

一、国有企业融资中财务管理工作的重要性

（一）全方位应对融资需求

对于国有企业来讲，在进行每次融资的过程中，对于融资的资金数额会进行预算，从而确定资金需求规模，然后在此基础上对企业内部利润进行分配，并对留存利益进行调整。所以对于国有企业来讲，可以将财务管理工作中获取的相关数据作为开展上述工作的基础，从而保证在融资时能够确定大概的融资规模，通过最低的融资成本获得外部资金，保证企业的正常运营。

（二）降低企业融资成本

财务管理工作可以让企业能够对当前市场中的融资成本波动进行掌握，然后进行科学合理的融资额度范围确定，在此基础上制订成本最低的融资方案，保证企业既能够实现持续稳定运营，又能够投入最低的成本获得企业战略发展所需的资金。在这一过程中，需要企业财务管理工作人员对企业内部的资本结构进行全面的了解，及时应对融资市场中所出现的波动以及变化情况，调整企业融资计划。

（三）控制管理融资风险

相对中小企业来讲，国有企业在发展的过程中，因为自身所承担的社会责任比较多，所以应当通过财务管理工作对融资决策透明度进行提升，将融资所获得的资金进行合理的应用，避免在项目建设过程中出现资金盲目投入的情况，增加投资的风险。

二、国有企业融资中财务管理工作存在的问题

（一）财务管理部门决策独立性缺失

有融资需要的国有企业会安排投资部门和财务管理部门共同制定融资决策内容，并对融资时所涉及的融资规模、融资渠道和融资频率等进行探讨，从而确定融资方案。在融资方案确定之后，由企业管理层召开会议对方案内容进行探讨，从而使整个方案变得更加完善、成熟。但上述内容属于理论性的融资决策以及方案，在实际融资过程中会有许多外在因素对这一流程产生影响及干扰，导致财务工作部门的决策工作缺失了独立性。例如，在进行融资的过程中，一些国有企业领导和当地的政府都希望使企业的经营规模扩大，所以盲目增加成本影响了融资决策的科学性。

（二）融入资金缺乏管理

在一般情况下，国有企业开展融资工作时，融资的规模都会比较大，但是当融资结束之后却没有对融入的资金进行细致的分类管理，没有在规范性管理的基础上进行资金的利用会导致资金的利用率较低等问题。对于国有企业来讲，资金的总效益会大大降低，而且还会额外增加资金的使用风险。

（三）财务管理理念比较落后

国有企业体制本就比较特殊，所以在开展财务管理工作时，相关的理念应用不太适应，尤其是对于融资工作来讲。首先，在融资过程中，开展财务管理工作并没有成本和收益统筹理念，所以导致相关企业在进行融资时各项规范执行不严格，而且没有就融资成本以及定额管理工作进行加强，不能保证企业经济效益的提升。其次，内部控制工作不严格，而对于国有企业融资财务管理工作来讲，内部控制工作是重要内容，对企业的后续发展会产生重要影响。最后，没有就融资过程中所涉及的会计信息进行及时披露，因为有些国有企业的领导没有充分使用会计信息，或者是对会计信息不重视，导致相关信息披露不及时。

三、国有企业融资中财务管理工作的对策

（一）提高财务管理部门的独立决策能力

对于财务管理工作来讲，在进行融资时需要就财务类工作部门的独立决策能力进行提高，从而保证融资过程更加科学、规范。所以，融资中的财务管理工作应遵循以下四个原

则：① 责任和权力相结合原则，在融资的过程中需要由责任主体进行负责，并且对相应的权力及责任进行约束及规范，当出现资金浪费时应当追溯责任主体的责任。② 经济和技术相结合原则，这一原则的主要目的就是在进行资金融入时，将经济分析和技术比较作为融资管理中的控制工具。③ 全面控制原则，全面控制主要是在资金融入使用的过程中，需要就费用控制意识进行全面贯彻落实。④ 目标管理原则，主要是在融入资金使用及管理的过程中，应当遵循目标计划进行资金的使用及管理，不能随意更改计划。

（二）完善融资建设管理制度

财务管理工作部门需要在国有企业开展融资工作时，对融资资金进行细节管理，对融资资金使用时可能会出现的风险进行合理评估，然后制定相应的风险防范及控制措施。因为对于国有企业来讲，随着时代的不断发展，融资过程中的相应渠道也变得越来越多元化、越来越丰富，所以应当尽可能地选择低成本、低风险的融资方案。同时，对于企业来讲，应当增强内部控制及管理，加强对会计信息的披露，提升质量，使外部融资以及投资者能够对国有企业的会计信息进行全面的了解，尽可能降低国有企业的融资成本。除此之外，国有企业还需要增加财务披露系统及财务报告服务性机构的建设，而且要加强动态分析，从而使国有企业财务管理工作的各项状况能够得到动态化的展现。

（三）加强监督及审核

监督及审核主要是对融资方案进行审核，保证所选择的融资方案科学、合理，不会影响企业的正常运转和资金使用。同时还需要就融资方案进行改进和完善，对其中存在的不合理内容进行剔除，然后不断完善融资方案。

综上所述，对于现如今我国国有企业融资来讲，财务管理工作最主要的目的就是规避融资风险，提高融资的安全性和资金的使用效率。

第五节　地方国有企业融资的财务管理

在市场竞争日益激烈的背景下，企业对于发展中的资金需求也日益迫切。企业融资行为作为筹措和集中生产经营所需资金的财务管理活动，对地方国有企业的发展具有重要的现实意义。本节介绍了地方国有企业融资管理的概念和在企业中的现实意义，分析了地方国有企业融资管理中存在的主要问题，从政府政策、金融机构、企业自身层面分析其形成的原因，并在此基础上提出了优化地方国有企业融资管理的对策。

一、地方国有企业融资管理的概念和在企业中的现实意义

（一）融资管理的概念

融资管理是指企业向企业外部有关单位或个人以及从企业内部筹措和集中生产经营所需资金的财务管理活动。主要内容包括明确具体的财务目标、科学预测企业的资金需求、选择合理的融资渠道和方法、确保资金结构的合理性。

（二）融资管理在企业中的现实意义

资金是企业的"血液"，只有使资金良性运转，避免财务风险，企业才能健康发展，一旦资金链断裂将会造成非常严重的后果。随着地方国有企业的不断发展壮大，企业对资金的需求日益增长，因此加强融资管理具有深刻的现实意义。

(1)有利于增强企业资金的供给。企业正常生产经营需要融资管理来组织资金的供给；企业对外投资项目需要大量资金，需要融资来确保项目资金的及时到位，使企业能够发展扩张。企业通过科学的融资管理筹措资金，可以增强资金的供给，保障企业可持续、健康发展。

(2)有利于降低企业资金的风险。地方国有企业生存、壮大的前提是保持良性的资金循环，融资管理在国有企业发展过程中起到了不可或缺的作用。通过融资管理对企业的经营情况、负债情况、资本结构情况、筹资方式选择、负债融资期限结构等定期分析，实时监控，制订最优融资方案。控制融资过程中存在的风险，降低了企业由于资金短缺带来的风险。

二、地方国有企业融资管理中存在的主要问题

（一）地方国有企业本身承担的职能导致融资渠道单一

地方债券是一种融资渠道，其体量较小，无法满足整个项目资金需求；地方国有企业若承担的是公益性项目且没有收入，则基本没有融资途径。另外，融资渠道的单一也会对存量债务的还本付息造成一定的影响。

（二）融资中及融资后风险突出

融资中，有些地方国有企业通过非公益性项目向不同银行重复融资，用于存量贷款的还本付息及公益性项目，造成企业过度负债。同时，地方国有企业80%的融资依赖于银行贷款，股权融资成本高、准备周期长，地方国有企业能上市融资的少之又少，债券融资具有财务风险较高、缺乏广泛的社会信用、企业债发行行政规则较严、企业债券市场的相关制度建设滞后等问题，从而导致融资渠道单一。而且由于银行贷款方面的政策变幻莫测，企业融资风险很大，如果银行系统本身存在着一定的不良资产，一旦处理不当，必将会影响整个融资市场的资金泡沫，任其发展则将演变为一场金融危机。另外，融资后项目实际

操作很难做到专款专用，在资金管理过程中存在风险。

（三）企业融资缺乏有效的绩效管控机制

绩效考核是企业在既定的战略目标下，运用特定的标准和指标，对员工过去的工作行为及取得的工作业绩进行评估，并运用评估的结果对员工将来的工作行为和工作业绩产生正面引导的过程和方法。一方面，受地方国有企业体制限制，一般融资人员是财务转岗而来，或者本身就在财务部门兼任，缺乏融资专业知识；另一方面，融资本身具有不确定性，受内外部环境影响较大，较难做出绩效评定。但缺乏融资部门及人员的绩效管控对融资管理来说就是虎头蛇尾，只有建立融资绩效管控机制，才能实现年度计划，确保企业融资管理战略目标的实现。

（四）融资专业人才匮乏

一方面，企业融资人员大都从财务岗位转岗而来，人员素质偏低，在专业技术上有待提高。对资金成本观念淡薄，对融资渠道除了银行融资，对其他融资渠道了解甚少。由于信息不畅、责任心不强，企业相关融资人员未能及时掌握融资方面的新政策、新制度，因而无法进行更合理的融资规划。另一方面，在融资规划、资金成本、创新融资等各方面缺乏经验，缺乏融资风险管理意识。

三、优化地方国有企业融资管理的对策

（一）强化融资管理意识

首先，树立资金成本观念，把融资工作的着眼点落在企业的资金结构和资金成本上。其次，加强融资的风险意识，必须结合企业自身的财务状况合理选择融资方式，不得盲目举债加大企业的财务风险。最后，融资管理意识要贯穿整个融资过程，既要把握融资机会，又要使企业融资规模适度、融资方式合理、融资成本更低。

（二）增强对市场敏感度的融资分析

首先，企业融资的重要目的在于保障企业稳步、健康发展，因而要在充分分析自身的情况及合理评估企业自身的融资还债能力的基础上，制定适合企业自身的具有可行性的相关融资管理办法及选择合理的融资渠道。其次，要更加关注外部环境，增强对市场信息、"一行两会"融资政策的敏感度。最后，要增强企业自身的财务管理能力，结合本企业经营的现金流量情况，做好相关的预算管理和融资计划安排。

（三）优化融资结构

地方国有企业融资渠道单一，大部分来源于银行贷款，优化融资结构迫在眉睫。

（1）增强企业自身的盈利能力。只有企业自身强，才能有拓宽渠道融资的实力。应不断增强企业自身的盈利能力，在技术创新、品牌影响力、强化市场竞争意识上下功夫，增强企业的核心竞争力。

（2）增加直接融资的比例，积极发展债券市场。我国目前债券市场规模小、品种单一，严重制约了债券市场的持续发展。应从地方国有企业的切实需求出发，丰富债券种类，并在加强监管的同时，进一步降低发债门槛。

同时，中介机构在债券市场中起着至关重要的作用，特别是投资银行和信用评级公司。应加强对债券市场中介机构的管理和规范，特别应完善信用评级体系。一方面，提高对区县级企业的信用评级等级，有待拓宽地方企业的融资品种；另一方面，可以为债券投资者提供更客观、公正的投资决策，从而促进债券市场的发展。

（四）在融资过程中加强风险管控

首先，在融资过程中应不断评估企业自身的情况，如在合同订立时应随时关注市场变化，随着基准利率的变动而变动；还须关注同行业企业的融资成本，及时修正本企业的融资成本，调整融资产品或高成本置换低成本。其次，企业自身很难做到贷后资金的专款专用。要解决这一问题，首先，企业自身应完善资金管理制度，做到专款专用；其次，通过银行来加强银行贷款专户的监管。

（五）加强绩效考核体系建设

为了更好地提高融资效率、降低融资风险和成本，加强绩效考核体系建设刻不容缓。可以从融资总额、计划完成率、渠道开拓完成率、融资成本降低等关键指标进行考核，便于及时分析原因，对特定的风险进行提前预防，通过合理安排资本结构，在有效控制财务风险的前提下，降低企业融资成本，提高资金使用效益，寻找适合企业自身发展的合理的融资途径，采用多元化的融资工具，使企业具备财务优势，通过融资创新增加企业的价值。

（六）提升融资专业队伍的综合素质

企业应高度重视融资人员的培训工作，不断加强其融资、证券、法律、投资等方面知识的学习，还需使其树立融资风险意识、资金成本观念；或引进具有高素质的融资管理人员参与融资资金的规划、审查，通过事前、事中和事后的跟踪管理来减少融资风险。

总之，融资对企业的生存和发展是必不可少的，而如何做好融资管理又是至关重要的。企业在融资前应该做好合理的融资战略，制定出切实可行的风险应对措施，对特定风险进行提前预防；在融资中，在有效控制财务风险的前提下降低企业融资成本，提高资金使用效益，寻找适合企业自身发展的合理的融资途径；在融资后，完善资金管理制度，做到专款专用并做好绩效考核，总结经验教训。通过融资管理尽可能地避免和防范不规范的融资行为的发生，推动企业健康有序发展。

第六章　筹资管理

第一节　筹资管理概述

资金是企业的血液，是企业设立、生存和发展的物质基础，是企业开展生产经营业务活动的基本前提。任何一个企业为了形成生产经营能力，保证生产经营正常运行，必须持有一定数量的资金。企业筹资是指企业作为筹资主体，根据其生产经营、对外投资和调整资本结构等需要，通过筹资渠道运用筹资方式经济有效地筹措资金的活动。

筹资活动是企业的一项基本财务活动，是企业创建和生存发展的一个必要条件。如果说企业的财务活动是以现金收支为主的资金流转活动，那么筹资活动则是资金运转的起点。筹资管理是企业财务管理的一项基本内容，筹资管理要求解决为什么要筹资、需要筹集多少资金、以什么方式筹资，以及如何根据财务风险和资本成本合理安排资本结构等问题。

一、筹资管理的意义

（一）筹资管理可以满足经营运转的资金需要

筹集资金作为企业资金周转运动的起点，决定着企业资金运动的规模和生产经营发展的程度。企业新建时，要按照企业战略所确定的生产经营规模核定长期资本需要量和流动资金需要量。在企业日常生产经营活动运行期间，需要维持一定数额的资金，以满足营业活动的正常需求。企业筹资管理能够为企业生产经营活动的正常开展提供财务保障。

（二）筹资管理可以满足投资发展的资金需要

企业在成长时期，往往因扩大生产经营规模或对外投资需要大量资金。企业生产经营规模的扩大有两种形式：一种是新建厂房、增加设备，这是外延式的扩大再生产；另一种是引进技术改进设备，提高固定资产的生产能力，培训工人提高劳动生产率，这是内涵式的扩大再生产。无论是外延式的扩大再生产，还是内涵式的扩大再生产，都会产生扩张性的筹资动机。同时，企业由于战略发展和资本经营的需要，还会积极开拓有发展前途的投资领域，通过联营投资、股权投资和债权投资等形式对外投资。经营规模扩张和对外产权投资往往会产生大额的资金需求。企业筹资管理能够为企业投资活动的正常开展提供财务保障。

（三）筹资管理可以合理安排筹资渠道和选择筹资方式

企业筹资首先要解决的问题是资金从哪里来、以什么方式取得，这就是筹资渠道的安排和筹资方式的选择问题。

筹资渠道是指企业筹集资金的来源方向与通道。一般来说，企业最基本的筹资渠道就是间接筹资和直接筹资。间接筹资是企业通过银行等金融机构以信贷关系间接从社会上取得资金；直接筹资是企业与投资者协议或通过发行股票、债券等方式直接从社会上取得资金。目前我国企业筹资渠道主要有银行信贷资金、其他金融机构资金、其他企业资金、居民个人资金、国家资金和企业自留资金等。对于各种不同渠道的资金，企业可以通过不同的方式取得。

筹资方式是企业筹集资金所采取的具体方式，不同筹资方式所筹集到的资金的属性和期限是不同的。企业筹资的总体方式分为内部筹资和外部筹资。内部筹资主要依靠企业的利润留存积累；外部筹资一般来说有两种方式，并形成两种性质的资金来源，即股权资金和债务资金。股权资金是企业通过吸收直接投资、发行股票等方式从投资者那里取得的；债务资金是企业通过向银行借款、发行债券、利用商业信用、融资租赁等方式从债权人那里取得的。

企业的筹资渠道与筹资方式有着密切的联系。同一筹资渠道的资金往往可以采取不同的筹资方式取得，而同一筹资方式又往往可以适用于不同的筹资渠道。因此，企业在筹资时，应当事先将两者合理配合。

安排筹资渠道和选择筹资方式是一项重要的财务工作，直接关系企业所能筹措资金的数量、成本和风险，因此需要深刻认识各种筹资渠道和筹资方式的特征、性质以及与企业筹资要求的适应性。通过筹资管理可以在衡量不同性质资金的数量、成本和风险的基础上，合理安排筹资渠道和筹资方式，以有效地筹集资金。

（四）筹资管理可以降低资本成本

按不同筹资方式取得的资金，其资本成本是不同的。一般来说，债务资金比股权资金的资本成本要低，而且其资本成本在签订债务合同时就已确定，与企业的经营业绩和盈亏状况无关。即使同是债务资金，由于借款、债券和租赁的性质不同，其资本成本也有差异。因此，企业在筹资管理中，要权衡财务风险的大小，合理利用资本成本较低的筹资方式，降低企业的资本成本。

（五）筹资管理可以合理地控制财务风险

财务风险是企业无法如期足额地尝付到期债务的本金和利息的风险，主要表现为偿债风险。由于无力清偿债权人的要求，将会导致企业破产。尽管债务资金的资本成本较低，但由于债务资金有固定的还款期限，到期必须偿还，因此，企业承担的财务风险比股权资金要大一些。企业在降低资本成本的同时，还要充分考虑不同资金的财务风险，防范企业破产的财务危机。筹资管理中的财务风险控制，从另一个角度来说，也受到了企业资产流动性的限制。如果企业经营风险较高、资产流动性不强，将制约企业不能使用太多债务资金。

二、筹资的分类

企业筹资可以按照不同的标准进行分类。

（一）股权筹资、债务筹资及衍生工具筹资

按企业所取得资金的权益特性不同，企业筹资分为股权筹资、债务筹资和衍生工具筹资。这种分类也是企业筹资方式的基本分类。

股权筹资形成股权资本，是企业依法长期拥有、能够自主调配运用的资本。股权资本在企业持续经营期间内，投资者不得抽回投资，因而也称为企业的自有资本、主权资本或股东权益资本。股权资本是企业从事生产经营活动和偿还债务的本钱，是代表企业基本资信状况的一个主要指标。企业的股权资本通过吸收直接投资、发行股票、内部积累等方式取得。股权资本由于一般不用还本，形成了企业的永久性资本，因而财务风险小，但付出的资本成本相对较高。

股权筹资项目包括实收资本（股本）、资本公积金、盈余公积金和未分配利润等。其中，实收资本（股本）和实收资本溢价部分形成的资本公积金是投资者原始投入的；盈余公积金、未分配利润和部分资本公积金是原始投入资本在企业持续经营中形成的经营积累。通常来说，盈余公积金、未分配利润共称为留存收益。股权资本在经济意义上形成了企业的所有者权益。所有者权益是指投资者在企业资产中享有的经济利益，其金额等于企业资产总额减去负债总额后的余额。

债务筹资是企业按合同取得的在规定期限内需要清偿的债务。它的取得方式主要有银行借款、发行债券、融资租赁、商业信用等。由于债务筹资到期要归还本金和支付利息，对企业的经营状况不承担责任，因而具有较大的财务风险，但付出的筹资成本相对较低。从经济意义上来说，债务筹资也是债权人对企业的一种投资，也要依法享有企业使用债务筹资所取得的经济利益，因而也可以称为债权人权益。

衍生工具筹资是以股权或债权为基础产生的新的融资方式，如我国上市公司目前最常见的可转换债券筹资、认股权证筹资。

（二）直接筹资与间接筹资

按是否以银行金融机构为媒介，企业筹资分为直接筹资和间接筹资两种类型。直接筹资是企业直接与资金供应者协商筹集资金。直接筹资不需要通过金融机构等中介来筹措资金，是企业直接从社会上取得资金的方式。直接筹资手续比较复杂，筹资费用较高，但筹资领域广阔，能够直接利用社会资金，有利于提高企业的知名度和资信度。

间接筹资是企业通过银行和非银行金融机构筹集资金。在间接筹资方式下，企业通过银行等金融机构以信贷关系间接从社会上取得资金，银行等金融机构发挥中介作用，预先集聚资金，然后提供给企业。间接筹资方式主要有银行借款、融资租赁等，形成的主要是债务资金，用于满足企业资金周转的需要。间接筹资手续比较简便、筹资效率高、筹资费

用较低，但容易受金融政策的制约和影响。目前，我国大多数企业的筹资多采用间接筹资这种传统的筹资方式。

（三）内部筹资与外部筹资

按资金的来源范围不同，企业筹资分为内部筹资和外部筹资两种类型。内部筹资是指企业通过利润留存而形成的筹资来源，内部筹资数额大小主要取决于企业可分配利润的多少和利润分配政策（股利政策），一般无须花费筹资费用，可以降低资本成本。

外部筹资是指企业向外部筹措资金而形成的筹资来源。处于初创期的企业，内部筹资的可能性是有限的；处于成长期的企业，内部筹资往往难以满足需要。这就需要企业广泛地开展外部筹资，如发行股票、债券，取得商业信用、银行借款等。企业向外部筹资大多需要花费一定的筹资费用，具有大额性、集中性等特点。

因此，企业筹资时应首先考虑内部筹资，再考虑外部筹资。

（四）长期筹资与短期筹资

按所筹集资金的使用期限不同，企业筹资分为长期筹资和短期筹资两种类型。

长期筹资是指企业使用期限在 1 年以上的资金筹集活动。长期筹资的目的主要是形成和更新企业的生产和经营能力、扩大企业生产经营规模或为对外投资筹集资金。长期筹资通常采取吸收直接投资、发行股票、发行债券、长期借款、融资租赁等方式，所形成的长期资金主要用于购建固定资产、形成无形资产、对外长期投资、垫支流动资金、产品和技术研发等。从资金权益性质来看，长期资金可以是股权资金，也可以是债务资金。

短期筹资是指企业筹集使用期限在 1 年以内的资金筹集活动。短期资金主要用于企业的流动资产和资金日常周转，一般在短期内需要偿还。短期筹资往往利用商业信用、短期借款、保理业务等方式来筹集资金。

三、筹资管理的原则

企业筹资管理的基本要求是，要在严格遵守国家法律法规的基础上，分析影响筹资的各种因素，权衡资金的性质、数量、成本和风险，合理地选择筹资方式，提高筹资效果。

（一）筹措合法原则

无论是直接筹资还是间接筹资，企业最终都通过筹资行为向社会获取资金。企业的筹资活动不仅为自身的生产经营提供资金来源，而且也会影响投资者的经济利益，影响社会的经济秩序。企业的筹资行为和筹资活动必须遵循国家的相关法律法规，依法履行法律法规和投资合同约定的责任，合法合规筹资，依法披露信息，维护各方的合法权益。

（二）来源经济原则

企业所筹集的资金都要付出资本成本的代价，进而对企业的资金使用提出了最低报酬要求。不同筹资渠道和筹资方式所取得的资金，其资本成本各有差异。企业应当在考虑筹资难易程度的基础上，针对不同采源资金的成本，认真选择筹资渠道，并选择经济、可行的筹资方式，力求降低筹资成本。

（三）规模适当原则

企业筹集资金，首先要合理预测资金的需要量。筹资规模与资金需要量应当匹配一致，既可避免因筹资不足而影响生产经营的正常进行，又可防止筹资过多造成资金闲置。

（四）结构合理原则

资本成本的降低往往伴随着较大的财务风险。企业筹资要综合考虑股权资金与债务资金的关系、长期资金与短期资金的关系、内部筹资与外部筹资的关系，合理安排资本结构，保持适当的偿债能力，防范企业财务危机。

（五）筹措及时原则

企业在筹集资金时，应根据资金需要量的具体情况，合理安排资金的筹集时间，适时获得适量资金。

第二节　权益资金的筹集

权益资金的筹集方式主要有吸收直接投资、发行普通股筹资和发行优先股筹资。这些都是企业筹集自有资金的重要方式。

一、吸收直接投资

吸收直接投资，简称吸收投资，是指企业按照"共同投资、共同经营、共担风险、共享利润"的原则直接吸收国家、法人、个人投入资金的一种筹资方式。

（一）吸收直接投资的种类

企业采用吸收直接投资方式筹集的资金一般可分为吸收国家投资、吸收法人投资和吸收个人投资三类。

1. 吸收国家投资

国家投资是指有权代表国家投资的政府部门或者机构以国有资产投入企业，这种情况下形成的资本叫作国家资本。吸收国家投资一般具有以下特点：① 产权归属国家；② 资金的运用和处置受国家约束较大；③ 在国有企业中采用比较广泛。

2. 吸收法人投资

法人投资是指法人单位将依法可以支配的资产投入企业，这种情形下形成的资本叫作法人资本。

吸收法人投资一般具有以下特点：① 发生在法人单位之间；② 以参与企业利润分配

为目的；③ 出资方式灵活多样。

3. 吸收个人投资

个人投资是指社会个人或本企业内部职工以个人合法财产投入企业，这种情况下形成的资本称为个人资本。个人投资一般具有以下特点：① 参加投资的人员较多；② 每人投资的数额相对较少；③ 以参与企业利润分配为目的。

（二）吸收直接投资中的出资方式

企业在采用吸收直接投资这一方式筹集资金时，投资者都可以用现金、实物、无形资产等作价出资。

1. 现金投资

现金投资是吸收直接投资中一种最重要的投资方式。有了现金，便可获取其他物质资源。因此，企业应尽量动员投资者采用现金方式出资。

2. 实物投资

实物投资是指以厂房、建筑物、设备等固定资产和原材料、商品等流动资产所进行的投资。

3. 无形资产投资

无形资产投资是指以专有技术、商标权、专利权、土地使用权等无形资产所进行的投资。

（三）吸收直接投资的程序

企业吸收其他单位的投资，一般要遵循如下程序：① 确定筹资数量；② 寻找投资单位；③ 协商投资事项；④ 签署投资协议；⑤ 共享投资利润。

（四）吸收直接投资的优缺点

吸收直接投资的优点是有利于增强企业信誉，有利于尽快形成生产能力，有利于降低财务风险；缺点是资金成本较高，企业控制权容易分散。

二、发行普通股筹资

股票是股份公司发给股东用来证明其在公司投资入股并借以取得股息的一种有价证券。它是股份公司为筹措权益资本而发行的一种权益凭证。

（一）股票的特征和种类

1. 股票的特征

作为股份表现形式的股票具有如下特征：① 无期性，是指股票投资者投资的长期性；② 风险性，是指股票投资存在一定的风险；③ 流通性，也称作变现性，是指股票作为一种有价证券，在资本市场上可以自由转让、买卖和流通，也可以作为负债筹资的抵押品；④ 参与性，是指股票的持有者具有参与股份公司股利分配和承担有限责任的权利与义务。

2. 股票的种类

根据不同标准，可以对股票进行不同的分类，现介绍以下四种主要分类方式。

（1）按股东的权利和义务分类。以股东享受权利和承担义务的大小为标准，可以把股票分成普通股股票和优先股股票。

（2）按股票票面是否记名分类。以股票票面上有无记名为标准，可以把股票分成记名股票与无记名股票。

（3）按股票有无面值分类。以股票票面有无面值为标准，可以把股票分为面值股票和无面值股票。

（4）按发行对象和上市地区分类。以发行对象为标准，可以把股票分为 A 股、B 股；以股票上市地区为标准，可以把股票分为 H 股、N 股和 S 股。

（二）普通股股东的权利

普通股股东的权利可以分为整体行使的权利和股东个人行使的权利。

1. 整体行使的权利

公司章程赋予普通股股东整体行使的权利如下：① 修改公司的章程和细则；② 选举公司的董事；③ 制定和修改公司的规章制度，任免公司的重要人员；④ 授权出售固定资产；⑤ 批准吸收合并或兼并其他公司，或决定并入其他公司；⑥ 批准公司资本结构的变更；⑦ 决定发行优先股和债券。

普通股股东整体行使的权利，是个人股东通过行使投票权来实现的。一般来说，个人股东通过投票表决来选举公司的董事成员，然后通过董事作为股东的代表来影响和控制公司的运作。

2. 股东个人行使的权利

公司章程赋予普通股股东整体行使的权利的同时，也赋予普通股股东一些个人行使的权利。这些权利主要包括以下七种：① 投票权，是指享有依公司章程规定的投票权或表决权；② 查账权，是指检查公司的账册；③ 分享盈余权，是指盈余的分配方案由股东大会决定，每一个会计年度由董事会根据企业的盈利数额和财务状况来决定分发股利的多少，并经股东大会批准通过；④ 出售或转让股份权；⑤ 享受优先认股权；⑥ 剩余财产要求权；⑦ 禁止管理人员越权行为的权利。

在享受权利的同时，必须承担义务，权利和义务犹如一对孪生兄弟。普通股股东购买股票后，不得退股，以其所持股份为限，对公司的债务承担有限责任，甚至承担可能的损失以及法律责任等。同时作为股东，必须遵守公司章程以及承担章程规定的义务。

（三）股票的发行

股票的发行是利用股票筹集资金的一个最重要的问题。

1. 股票发行的目的

股份公司发行股票，总的来说，是为了筹集资金，但具体来说，有不同原因：① 筹措资金。股份公司成立时，通常以发行新股的方式来筹集公司的权益资本。②扩大经营规模。已设立的股份公司为不断扩大生产经营规模，以增发新股来筹集所需资金。③扩大公司影响力。有些经营状况良好的公司发行股票并非因资金短缺，而是为了提高公司的知名度。④分散经营风险。股份公司通过发行新股吸引更多的股东，从而把经营风险分散给其他股东。将公积金转化为资本金。公司的公积金积累到一定数额，可将其中一部分通过发行股票转化为股本。

2. 股票发行的条件

按国际惯例，股份公司发行股票必须具备一定的发行条件，取得发行资格，并在办理必要手续后才能发行。新设定的股份有限公司公开发行股票必须符合如下条件：①生产经营符合国家产业政策。②发行普通股限于一种，同股同权。③发起人认购的股本数额不少于公司拟发行的股本总数的35%。④在公司拟发行的股本总额中，发起人认购的部分不少于人民币3000万元，但国家另有规定的除外。⑤向社会公众发行的部分不少于公司拟发行的股本总数的25%，其中公司职工认购的股本数不得超过拟向社会公众发行股本总额的10%。公司拟发行股本总额超过人民币4亿元的，证监会按照规定可以酌情降低向社会公众发行的部分比例，但是最低不少于公司拟发行股本总额的10%。⑥发起人在近三年内没有重大违法行为。⑦证监会规定的其他条件。

3. 股票发行的基本程序

（1）做出新股发行决议。

（2）做好发行准备工作。

（3）提出发行股票的申请。

（4）有关机构的审核。

（5）签署承销协议。

（6）公布招股说明书。

（7）按规定程序招股。

（8）认股人交纳股款。

（9）向认股人交割股票。

（10）改选董事、监事。

（四）股票价值

股票作为一种所有权证明和能在资本市场上流通的有价证券，其本身没有价值，然而股票在资本市场上具有价值。我们通常所说的股票价值，是指股票对公司资产价值的表现形式。

1. 票面价值

票面价值是指公司发行的股票票面上所载明的货币金额，这是股票的名义价值。其作用在于确定每一股份占公司全部资本的比例和表明股东对每一股份所负有限责任的最高限额。

2. 账面价值

账面价值是指每股普通股股份拥有本公司的账面资产净值。

3. 清算价值

清算价值是指在公司清算时，每股普通股股份所代表的被清理资产的实际价值。

4. 投资价值

投资价值是指投资者进行股票投资时，根据历史的资料和预期的估计对某种股票分析得到的一种估计价值。

（五）普通股筹资评价

普通股筹资是股份公司的一种主要的权益资本筹资方式，是进行其他筹资的基础。因此，从发行公司的立场来考察评价普通股，其优缺点如下。

1. 普通股筹资的优点

（1）没有固定的支付利息负担。

（2）没有固定到期日，不用偿还本金。

（3）筹资限制较少，筹资风险小。

（4）能分散经营风险。

（5）增加公司的举债能力，提高公司的信誉。

（6）改善公司组织和财务结构。

（7）激励职工的士气，增强职工的归属感。

2. 普通股筹资的缺点

（1）公司增加了对社会公众股东的责任。

（2）公司要承担相当高的资金成本。

（3）容易分散控制权，被收购风险增大。

此外，新股东分享公司未发行新股前积累的盈余，会降低普通股的每股净收益，可能引起股价的下跌。

三、发行优先股筹资

（一）优先股的性质和发行动机

优先股是一种特殊股票，具有权益资金和负债资金的双重性质。优先股无固定的到期日，不用偿还本金，股利从税后利润中支付，这些都与普通股相同，属于权益资金；优先股有固定的股息负担，在普通股之前取得收益和分享剩余财产，这些又都与债券相同，兼有负债属性。

发行优先股除筹资动机外，还具有防止公司股权分散化、调剂资金余缺、改善资金结构、维持举债能力等动机。

（二）优先股的种类

优先股按股利能否累积，分为累积优先股和非累积优先股；按能否转为普通股，分为可转换优先股和不可转换优先股；按能否参与红利分配，分为参与优先股和非参与优先股；按是否可赎回，分为可赎回优先股和不可赎回优先股。

（三）优先股股东的权利

相对于普通股股东而言，优先股股东具有优先分配股利权、优先分配剩余资产权、部分管理权。

（四）优先股筹资的优缺点

公司利用优先股筹资的主要优点是没有固定到期日，无须还本，股利支付既固定，又有一定的弹性，有利于增强公司信誉；其缺点是筹资成本高、限制条款多、财务负担重等。

第三节　负债资金的筹集

负债是企业所承担的能以货币计量、需以资产或劳务偿付的债务。企业通过银行借款、发行债券、融资租赁、商业信用等方式筹集的资金属于企业的负债。由于负债要归还本金和利息，因而称为企业的债务资金。

一、银行借款

银行借款是指企业根据借款合同向银行或非银行金融机构借入需要还本付息的款项。

（一）银行借款的种类

1. 按借款期限长短分类

按借款期限长短分类，银行借款可分为短期借款和长期借款。短期借款是指借款期限在 1 年以内的借款；长期借款是指借款期限在 1 年以上的借款。

2. 按借款担保条件分类

按借款担保条件分类，银行借款可分为信用借款、担保借款和票据贴现。

3. 按借款用途分类

按借款用途分类，银行借款可分为基本建设借款、专项借款和流动资金借款。

4. 按提供贷款的机构分类

按提供贷款的机构分类，银行借款可分为政策性银行贷款和商业性银行贷款。

（二）银行借款的程序

1. 企业提出借款申请

企业要向银行借入资金，必须向银行提出申请，填写包括借款金额、借款用途、偿还能力、还款方式等内容的《借款申请书》，并提供有关资料。

2．银行进行审查

银行对企业的借款申请要从企业的信用等级、基本财务情况、投资项目的经济效益、偿债能力等多方面做必要的审查，以决定是否提供贷款。

3．签订借款合同

借款合同是规定借款单位和银行双方的权利、义务和经济责任的法律文件。借款合同包括基本条款、保证条款、违约条款及其他附属条款等内容。

4．企业取得借款

双方签订借款合同后，银行应如期向企业发放贷款。

5．企业归还借款

企业应按借款合同规定按时足额归还借款本息。如因故不能按期归还，应在借款到期之前的 3~5 天内提出展期申请，由贷款银行审定是否给予展期。

（三）银行借款的信用条件

向银行借款往往附带一些信用条件。其主要条件如下。

1. 补偿性余额

补偿性余额是银行要求借款企业在银行中保留一定数额的存款余额，为借款的 10%~20%，其目的是降低银行贷款风险，但对借款企业来说，加重了利息负担。

2. 信贷额度

信贷额度是借款企业与银行在协议中规定的借款最高限额。在信贷额度内，企业可以随时按需要支用借款，但如协议是非正式的，则银行并无必须按最高借款限额保证贷款的法律义务。

3. 周转信贷协议

周转信贷协议是银行具有法律义务地承诺提供不超过某一最高限额的贷款协议。企业享用周转信贷协议，要对贷款限额中的未使用部分付给银行一笔承诺费。

（四）借款利息的支付方式

1. 利随本清法

利随本清法又称作一次支付法，是在借款到期时一次支付利息的方法。

2. 贴现法

贴现法是银行向企业发放贷款时，先从本金中扣除利息部分，到期时借款企业向银行偿还全部本金的一种计息方法。

3. 附加法

附加法是将利息附加到各期还款的本金中的方法。

（五）银行借款的优缺点

1. 银行借款的优点

（1）筹资速度快。与发行证券相比，不需印刷证券、报请批准等，一般所需时间短，可以较快地满足资金的需要。

（2）筹资成本低。与发行债券相比，借款利率较低，且不需要支付发行费用。

（3）借款灵活性大。企业与银行可以直接接触，商谈借款金额、期限和利率等具体条款。借款后如情况变化可再次协商。到期还款有困难，如能取得银行谅解，也可延期归还。

2. 银行借款的缺点

（1）筹资数额往往不可能很大。

（2）银行会提出对企业不利的限制条款。

二、发行债券

债券是企业依照法定程序发行的、承诺按一定利率定期支付利息，并到期偿还本金的有价证券，是持券人拥有公司债权的债权凭证。

（一）债券的种类

1. 按发行主体分类

债券按发行主体可分为政府债券、金融债券和企业债券。

政府债券是由中央政府或地方政府发行的债券。政府债券风险小、流动性强。

金融债券是银行或其他金融机构发行的债券。金融债券风险不大、流动性较强、利率较高。

企业债券是由各类企业发行的债券。企业债券风险较大、利率高、流动性差别较大。

2. 按有无抵押担保分类

债券按有无抵押担保可分为信用债券、抵押债券和担保债券。

信用债券又称作无抵押担保债券，是以债券发行者自身的信誉发行的债券。政府债券属于信用债券，信誉良好的企业也可以发行信用债券。企业发行信用债券往往有一些限制条件，如不准企业将其财产抵押给其他债权人、不能随意增发企业债券、未清偿债券之前股利不能分得过多等。

抵押债券是指以一定抵押品做抵押而发行的债券。当企业不能偿还债券时，债权人可将抵押品拍卖以获取债券本息。

担保债券是指由一定保证人做担保而发行的债券。当企业没有足够资金偿还债券时，债权人可以要求保证人偿还。

3. 按偿还期限分类

债券按偿还期限可分为短期债券和长期债券。

短期债券是指偿还期在 1 年以内的债券。

长期债券是指偿还期在 1 年以上的债券。

4. 按是否记名分类

债券按是否记名可分为记名债券和无记名债券。

5. 按计息标准分类

债券按计息标准可分为固定利率债券和浮动利率债券。

6. 按是否标明利息率分类

债券按是否标明利息率可分为有息债券和贴现债券。

7. 按是否可转换成普通股分类

债券按是否可转换成普通股可分为可转换债券和不可转换债券。

（二）债券的发行

国有企业、股份公司、有限责任公司只要具备发行债券的条件，都可以依法申请发行债券。

1. 发行方式

债券的发行方式有委托发行和自行发行。委托发行是指企业委托银行或其他金融机构承销全部债券，并按总面额的一定比例支付手续费。自行发行是指债券发行企业不经过金融机构直接把债券配售给投资单位或个人。

2. 发行债券的要素

（1）债券的面值。债券的面值包括两个基本内容：币种和票面金额。币种可以是本国货币，也可以是外国货币，这取决于债券发行的地区及对象。票面金额是债券到期时偿还债务的金额。票面金额印在债券上，固定不变，到期必须足额偿还。

（2）债券的期限。债券从发行之日起至到期日之间的时间称为债券的期限。

（3）债券的利率。债券上一般都注明年利率，利率有固定的，也有浮动的。面值与利率相乘即为年利息。

（4）偿还方式。债券的偿还方式有分期付息、到期还本和到期一次还本付息两种。

（5）发行价格。债券的发行价格有三种：一是按债券面值等价发行，等价发行又叫作面值发行；二是按低于债券面值折价发行；三是按高于债券面值溢价发行。

债券之所以会偏离面值发行，是因为债券票面利率与金融市场平均利率不一致。如果债券利率大于市场利率，则由于未来利息多计，导致债券内在价值大而应采用溢价发行。如果债券利率小于市场利率，则由于未来利息少计，导致债券内在价值小而应采用折价发行。这是基于债券发行价格应该与它的价值贴近。债券溢价、折价可依据资金时间价值原理算出的内在价值确定。

（三）债券筹资的优缺点

1. 债券筹资的优点

（1）债券利息作为财务费用在税前列支，而股票的股利需由税后利润发放，利用债券筹资的资金成本较低。

（2）债券持有人无权干涉企业的经营管理，因而不会减弱原有股东对企业的控制权。

（3）债券利率在发行时就确定，如遇通货膨胀，则实际减轻了企业负担；如企业盈利情况良好，由财务杠杆作用导致原有投资者获取更大的收益。

2．债券筹资的缺点

（1）筹资风险高。债券筹资有固定到期日，要承担还本付息义务。当企业经营不善时，会减少原有投资者的股利收入，甚至会因不能偿还债务而导致企业破产。

（2）限制条件多。债券持有人为保障其债权的安全，往往要在债券合同中签订保护性条款，这对企业造成较多约束，影响企业财务的灵活性。

（3）筹资数量有限。债券筹资的数量相比银行借款一般较多，但它筹集的毕竟是债务资金，不可能太多，否则会影响企业信誉，也会因资金结构变差而导致总体资金成本的提高。

三、融资租赁

租赁是承租人向出租人交付租金，出租人在契约或合同规定的期限内将资产的使用权让渡给承租人的一种经济行为。

（一）租赁的种类

租赁的种类很多，按租赁的性质可以分为经营性租赁和融资性租赁两大类。

1．经营性租赁

经营性租赁又称作服务性租赁，是由承租人向出租人交付租金，由出租人向承租人提供资产使用及相关的服务，并在租赁期满时由承租人把资产归还给出租人的租赁。经营性租赁通常为短期租赁，其特点如下。

（1）资产所有权属于出租人，承租人仅为获取资产使用权，不是为了融资。

（2）经营性租赁是一个可解约的租赁，承租企业在租期内可按规定提出解除租赁合同。

（3）租赁期短，一般只是租赁物使用寿命期的小部分。

（4）出租企业向承租企业提供资产维修、保养及人员培训等服务。

（5）租赁期满或合同终止时，租赁资产一般归还给出租企业。

2．融资性租赁

融资性租赁又称作财务租赁、资本租赁，是承租人为融通资金而向出租人租用由出租人出资按承租人要求购买的租赁物的租赁。它是以融物为形式、融资为实质的经济行为，是出租人为承租人提供信贷的信用业务。融资性租赁通常为长期租赁，其特点如下。

（1）资产所有权形式上属于出租方，但承租方能实质性地控制该项资产，并有权在承租期内取得该项资产的所有权。承租方应把融资租入资产当作自有资产对待，如要在资产账户上做记录、要计提折旧。

（2）融资性租赁是一种不可解约的租赁，租赁合同比较稳定，在租赁期内，承租人必须连续缴纳租金，非经双方同意，中途不得退租。这样既能保证承租人长期使用该项资产，又能保证出租人收回投资并有所得益。

（3）租赁期长，租赁期一般是租赁资产使用寿命期的绝大部分。

（4）出租方一般不提供维修、保养方面的服务。

（5）租赁期满，承租人可选择留购、续租或退还，通常由承租人留购。

（二）融资租赁的形式

1. 直接租赁

直接租赁是指承租人直接向出租人租入所需要的资产。直接租赁的出租人主要是制造厂商、租赁公司。直接租赁是融资租赁中最为普遍的一种，是融资租赁的典型形式。

2. 售后回租

售后回租是指承租人先把其拥有主权的资产出售给出租人，然后再将该项资产租回的租赁。这种租赁方式既能使承租人通过出售资产获得一笔资金，以改善其财务状况，满足企业对资金的需要，又能使承租人通过回租而保留下企业对该项资产的使用权。

3. 杠杆租赁

杠杆租赁是由资金出借人为出租人提供部分购买资产的资金，再由出租人购入资产租给承租人的方式。因此，杠杆租赁涉及出租人、承租人和资金出借人三方。从承租人的角度来看，它与其他融资租赁形式并无多大区别。从出租人的角度来看，它只支付购买资产的部分资金（20%~40%），其余部分（60%~80%）是向资金出借人借来的。在杠杆租赁方式下，出租人具有三重身份，即资产所有权人、出租人、债务人。出租人既向承租人收取租金，又向借款人偿还本息，其间的差额就是出租人的杠杆收益。从资金出借人的角度来看，它向出租人借出资金是由出租人以租赁物为抵押的，它的债权对出租人没有追索权，但对租赁物有第一留置权。即当承租人不履行支付租金义务时，资金出借人不能向出租人追索债务，但可向法院申请执行其担保物权。该项租赁物被清偿的所得，首先用以清偿资金出借人的债务，如有剩余再给出租人。

（三）融资租赁的程序

1. 做出租赁决策

当企业需要长期使用某项设备而又没有购买该项设备所需资金时，一般有两种选择：一是筹措资金购买该项设备；二是融资租入该项设备。孰优孰劣？可以通过现金流量的分析计算做出合适的抉择。

2. 选择租赁公司

当企业决定采用融资租赁方式取得某项设备时，即应开始选择租赁公司。从融资条件、租赁费率等有关资料比较，择优选定。

3. 办理租赁委托

当企业选定租赁公司后，便可向其提出申请，办理委托。这种委托包括填写"租赁申请书"及提供企业财务状况的文件资料。

4. 签订购货协议

租赁公司受理租赁委托后，即由租赁公司与承租企业的一方或双方选择设备的制造商或销售商，与其进行技术与商务谈判，签订购货协议。

5. 签订租赁合同

租赁合同由承租企业与租赁公司签订。租赁合同用以明确双方的权利与义务，它是租赁业务的最重要的文件，具有法律效力。融资租赁合同的内容包括一般条款和特殊条款两部分。

6. 办理验货及投保

承租企业收到租赁设备，要进行验收。验收合格后签发租赁设备收据及验收合格证并提交租赁公司，租赁公司据以向制造商或销售商付款。同时，承租企业向保险公司办理投保事宜。

7. 交付租金

承租企业在租赁期内按合同规定的租金数额、交付日期、交付方式向租赁公司交付租金。

8. 租赁期满的设备处理

融资租赁合同期满后，承租企业可按合同规定对租赁设备留购、续租或退租。一般来说，租赁公司会把租赁设备在期满时以低价甚至无偿转给承租企业。

（四）融资租赁的优缺点

1. 融资租赁的优点

（1）融资租赁的实质是融资，当企业资金不足、举债购买设备困难时，更显示其"借鸡生蛋、以蛋还鸡"办法的优势。

（2）融资租赁的资金使用期限与设备寿命周期接近，比一般借款期限要长，使承租企业偿债压力较小；在租赁期内租赁公司一般不得收回出租设备，使用有保障。

（3）融资与融物的结合，减少了承租企业直接购买设备的中间环节和费用，有助于迅速形成生产能力。

2. 融资租赁的缺点

（1）资金成本高。融资租赁的租金比举债利息高，因此总的财务负担重。

（2）不一定能享有设备残值。

四、商业信用

商业信用是指商品交易中的延期付款、预收货款或延期交货形成的借贷关系，是企业之间的直接信用行为。商业信用是商品交易中钱与货在时间上和在空间上的分离，它的表现形式主要是先取货、后付款和先付款、后取货两种，是自然性融资。商业信用产生于银行信用之前，在银行信用出现以后，商业信用依然存在。企业之间商业信用的形式很多，主要有应付账款、应付票据、预收货款、应付费用。

（一）应付账款

应付账款即赊购商品，是一种典型的商业信用形式。应付账款是卖方向买方提供信用，允许买方收到商品后不立即付款，可延期一定时间。这样做既解决了买方暂时性的资金短缺困难，又便于卖方推销商品。

（二）应付票据

应付票据是企业在对外经济往来中，对应付债务所开出的票据。应付票据主要是商业汇票，商业汇票根据承兑人的不同可分为商业承兑汇票和银行承兑汇票。商业承兑汇票是由收款人开出，经付款人承兑，或由付款人开出并承兑的汇票。银行承兑汇票是由收款人或承兑申请人开出，由银行审查同意承兑的汇票。商业承兑汇票由付款人承兑，若到期时付款人银行存款账户余额不足以支付票款，银行不承担付款责任，只负责将汇票退还收款人，由收款人与付款人自行协商处理。银行承兑汇票由承兑银行承兑，若到期时承兑申请人存款账户余额不足以支付票款，承兑银行应向收款人或贴现银行无条件支付票款，同时对承兑申请人执行扣款，并对未扣回的承兑金额按每天 5‰ 计收罚息。商业汇票是一种期票，最长期限为 6 个月，对于买方（付款人）来说，它是一种短期融资方式。对于卖方（收款人）来说，也可能产生一种融资行为，就是票据贴现。票据贴现是指持票人把未到期的商业票据转让给银行，支付一定的利息以取得银行资金的一种借贷行为。它是一种以票据为担保的贷款，是一种银行信用。票据贴现涉及贴现利息和银行实付贴现金额，有关计算公式为

$$贴现利息 = 票据到期金额 \times 贴现率 \times 贴现期$$
$$银行实付贴现金额 = 票据到期金额 - 贴现利息$$

其中，贴现期是指自贴现日至票据到期前一日的实际天数。

如果办理贴现的是商业承兑汇票，而该票据到期时债务人未能付款，那么贴现银行因收不到款项而向贴现企业行使追索权。贴现企业办理贴现后，对于这种或有负债应当在资产负债表附注中予以披露。

（三）预收货款

预收货款是指卖方按照合同或协议的规定，在发出商品之前向买方预收的部分或全部货款的信用行为。它等于卖方向买方先借一笔款项，然后用商品偿还。这种情况中的商品往往是紧俏的，买方乐意预付货款而取得期货，卖方由此筹集到资金。但应防止卖方企业乘机乱收预收货款，不合理地占用其他企业资金。商业信用融资有简单方便、无实际成本、约束和限制少等优点，但它的融资期限短。

第七章 收入与利润管理

第一节 收入管理

一、收入的概念与收入管理的意义

（一）收入的概念

收入是指企业在日常活动中形成的会导致所有者权益增加的与所有者投入资本无关的经济利益的总流入。收入不包括为第三方或客户代收的款项。收入有以下特点。

（1）收入从企业的日常活动中产生，而不是从偶发的交易或事项中产生。

（2）收入可能表现为企业资产的增加，有时也表现为企业负债的减少。

（3）它是狭义的收入，即指企业的营业收入，而不包括非经营活动所取得的收入，如营业外收入。

（二）收入管理的意义

营业收入管理是企业财务管理的一个重要方面，它关系企业的生存与发展，加强营业收入管理对企业具有重要的意义。

1. 及时取得营业收入是保障企业再生产过程正常进行的重要条件

企业及时销售产品，并取得营业收入，表明企业的商品产品的价值和使用价值业已实现，凝结在产品价值中的生产耗费得以补偿，并且用于重新购买材料、支付工资和其他生产费用，进行新的生产经营过程。

2. 及时取得营业收入是企业实现盈利的前提

营业收入减去营业成本及各项费用与支出，即为企业的盈利。只有及时取得营业收入，企业的盈利才可实现。

3. 及时取得营业收入是加速资金周转的重要环节

企业取得营业收入，意味着企业的资金从成品资金形态回到货币资金形态，完成了资金的一次循环，开始新一轮循环。实现营业收入越及时、资金周转速度越快，资金利用效果就越好。

另外，企业的营业收入主要通过市场取得，在市场经济条件下，企业必须根据市场需求来调整自己的生产经营活动。加强营业收入管理，可以促使企业深入研究与了解市场需求的变化，以便做出正确决策，避免盲目生产，以此提高企业的素质，增强企业的竞争力。

二、收入管理的基本要求

（一）清楚收益、收入和利得的不同界定

企业在会计期间增加的除所有者投资以外的经济利益，通常称为收益，收益包括收入和利得。收入是指企业在销售商品、提供劳务及他人使用本企业资产等日常活动中所形成的经济利益的总流入，包括商品销售收入、劳务收入、利息收入、使用费收入、股利收入等。日常活动是指企业为完成其经营目标而从事的所有经营活动，以及与之相关的其他活动。因此，收入属于企业主要的、经常性的业务收入。

利得是指收入以外的其他收益，通常从偶发的经济业务项目中取得，属于那种不经过经营过程就能取得或不曾期望获得的收益。

（二）企业应正确确认和计量收入

确认是指记录收入；计量是指确定收入的金额。

我国收入准则对收入的确认标准规定比较注重交易的经济实质。例如，在商品销售的交易中，要求企业在确认收入时要判断商品所有权是否发生转移，而并不注重表面上商品是否已经发出；要求企业判断商品的价款能否收回，而并不注重形式上是否已取得收取价款的权利；等等。这就要求企业针对不同交易的特点，分析交易的实质，正确判断每项交易中所有权上的主要风险和报酬实质上是否已转移，是否仍保留与所有权相关的继续管理权，是否仍对售出的商品实施控制，相关的经济利益能否流入企业，收入和相关成本能否可靠计量等重要条件。只有这些条件同时满足，才能确认收入，否则即使已经发出商品，或即使已经收到价款，也不能确认收入。

（三）企业应及时结转收入与相关成本

1. 结转成本时间性要求

为了正确反映每一会计期间的收入、成本和利润情况，根据收入和费用配比原则，企业应在确认收入的同时或同一会计期间结转相关成本。结转成本时应注意两个问题：第一，在同一会计期间收入确认后，相关的成本必须结转；第二，如一项交易的收入尚未确认，即使商品实物形态已经转移，相关成本也不可结转。

2. 结转成本的方法

商品采用实际成本计价的，结转商品的实际成本应采用先进先出法、加权平均法、移动平均法、个别计价法、后进先出法等方法计算确定。

商品采用计划成本或售价核算的，在结转计划成本或售价的同时，还应结转售出商品

应负担的成本差异或进销差价，将计划成本或售价调整为实际成本。

（四）企业应正确记录收入和相关成本、税金

企业的收入种类繁多，如商品销售收入、劳务收入、利息收入、使用费收入、股利收入等，为取得这些收入均须发生相关的成本和税金等。为了便于管理与分析，应严格按规定做好收入、成本和税金的记录工作。

三、商品价格的含义与制定原则、方法和策略

（一）商品价格的含义

商品价格是商品价值的货币表现。商品价值由生产该商品的社会必要劳动时间决定，包括已消耗生产资料转移的价值及劳动者新创造的价值。在商品经济条件下，商品价值只能通过货币形式表现。商品价格是由生产商品的社会平均成本（制造成本、管理费用、销售费用、财务费用）及盈利（税金、利润）构成。

（二）商品价格的制定原则

企业制定商品价格应遵循如下原则。

1. 以价值为基础

由于价格是价值的货币表现，因此，制定商品价格时应以商品价值为基础，使商品的价格基本上符合其价值，保证商品在进行交换时能够按照等价交换的原则进行。

2. 考虑商品的供求关系

商品价格受商品供求关系变化的影响，当商品供不应求时，商品价格就会上涨，从而刺激生产，限制需求；当商品供过于求时，商品价格就会下跌，刺激需求，限制生产。

3. 符合国家政策的要求

价格是国家对国民经济进行宏观调控的一种重要经济杠杆，企业制定商品价格时，必须严格遵守国家的价格政策，正确行使定价权利，不得乱涨价或变相涨价，扰乱市场，侵犯国家和消费者的利益。

另外，企业在制定商品价格时，还应按质论价，贯彻优质优价原则；同时，还应确定合理的购销差价；应考虑各类商品之间的合理比价，使商品价格趋于合理。

（三）商品价格的制定方法

在市场上，商品定价过高会影响其销路，使企业的销售收入总额因销售数量减少而下降，利润也随之减少；而商品定价过低，企业的销售收入总额也会降低，同样不能保证企业有足够的利润。因此，确定商品最优售价的问题，是关系企业盛衰兴亡的重要问题。企业必须选择合理的定价方法，以保证企业取得尽可能多的利润。在实际操作过程中，工业品的定价方法主要有以下几种。

1. 成本价加成定价法

成本价加成定价法是指在商品生产成本的基础上，加上一定的企业利润及一定的销售税金，确定商品价格的方法。其中价格与成本之间的差额就是加成的比例。

其计算公式为

$$单位产品价格 = 单位产品总成本 \times （1+加成率）$$

或

$$产品出厂价格 = 单位产品计划成本 + 单位产品计划利润 + 单位产品销售税金$$

一般来说，高级消费品或生产批量较小的产品，其加成比例可以高一点；生活必需品或大批量生产的产品加成比例应低一些。

成本价加成定价法最主要的优点是计算方便，而且在市场环境诸因素基本稳定的情况下，采用这种方法可以保证各行各业获得正常的利润率。其缺点是没有考虑市场上需求一方的利益，是典型的生产者导向观念的产物。

2. 售价倒扣法

售价倒扣法是通过市场调查确定产品的零售价格，然后减去批零差价和进批差价，倒算出产品的出厂价格。其计算公式为

$$出厂价格 = 市场零售价格 - 批零差价 - 进批差价$$

售价倒扣法考虑了市场供求状况，有利于扩大产品的市场占有率，但该方法容易使出厂价格与实际生产耗费脱节。

（四）商品价格的制定策略

为了提高企业对市场的应变能力和竞争能力，扩大商品销售，企业除掌握一定的定价方法外，还应根据市场行情的变化、企业产品的特点、声誉和顾客心理等因素，灵活地运用一定的定价策略，以促进商品销售，增加销售收入。常用的定价策略有以下几种。

1. 撇脂定价策略

撇脂定价法又称作高价法，它很像把一锅牛奶中的油脂（精华部分）一下子撇走的方法，即将产品价格定得较高，尽可能在产品市场寿命的初期，在竞争者研制出相似的产品以前，尽快地把投资全部收回，并取得相当的利润。然后随着时间的推移，再逐步降低价格使新产品进入弹性大的市场。这种方法能使企业在试销初期获得巨额利润，也由此迅速引来竞争，因此，高价不会维持太久。这种策略主要适用于没有竞争对手、容易开辟市场的新产品的定价。

2. 渗透定价策略

渗透定价法又称作低价法。一般对于某些新产品或改进后的老产品，在开始投放市场时，由于用户还不了解，很少购买，这时为了吸引用户，应该把价格定得低一些，等到占有一定市场且具有一定品牌后，再适当提高价格。这种方法尽管在产品开始投放市场时对利润会有一定影响，但它有利于企业占领市场，在竞争中处于领先地位。而当市场上同类

商品供应不断增加，并逐步趋于饱和时，再逐步降低价格以刺激用户的需要，提高商品的竞争力。一些资金雄厚的大企业经常采用这种方法。

3. 心理定价策略

心理定价策略是根据消费者购买商品的心理状态进行定价的策略。一般消费者都追求物美价廉、经济实惠。而有些富裕的或社会地位较高的消费者则追求名贵大方，以彰显自己的身份。针对各种不同的消费者的心理状态来定价，既可以满足他们各自的购买欲望，又可以增加企业的收入。常用的心理定价策略有以下两种。

（1）尾数定价策略。针对顾客求廉的心理，企业可以将整数价格改为尾数价格，如将100元的商品定价为99.48元，消费者可能认为这个价格是经过精确计算的，是可以信赖的，或认为尾数价格是整数原价的降低，因而可以增强消费者的购买欲望，企业不仅不会因此减少利润，反而会增强商品的竞争力，扩大销售，从薄利多销中获得更多利润。

（2）声誉定价策略。这是针对顾客追求名牌高贵商品而采取的定价策略。如果企业的名牌商品声誉很高，赢得了消费者的信任和喜爱，其价格可以高于市场上同种商品而不会影响销售。如果企业的商品声誉还不高，不管质量如何，也只好随行就市，以争取顾客的信任。如果企业的商品声誉不好，就有被挤出市场的危险，应赶快降价出售，以免积压，加速资金周转，同时应及时采取措施是高产品质量，开发新的产品，以满足消费者的需要。

四、营业收入的日常管理

销售收入的日常管理一般由企业的销售部门和财务部门共同负责，主要做好以下几个方面的工作。

（一）调整推销手段，加强销售合同管理

在市场经济条件下，企业的推销手段对产品的销售有重大影响，推销手段高超，可以扩大产品销售量，增加销售收入。在销售产品时，要诚信执行与客户所签订的经济合同。销售合同是企业和其他单位之间进行商品销售活动而签订的具有法律效力的契约。它明确规定销售产品的名称、规格、数量、价格、结算方式、包装要求、发运方式及地点、交货日期，以及不履行合同的约束手段等。销售合同签订后，必须严格执行，按合同要求组织产品生产、包装和发运。这样不仅可以加速企业的资金周转，而且可以提高企业的信誉，为企业生产经营创造良好的环境。

（二）搞好销售服务

做好销售服务，对客户负责，是企业的基本职责。这样做充分体现了企业的职业道德，也是企业促进商品销售，争取回头客的重要手段。销售服务一般包括售前服务、售中服务及售后服务。销售服务主要是由销售服务部门负责，但其他部门应积极配合，支持销售服务工作的开展。

（三）及时办理结算，尽快回笼货款

为了完成销售收入计划，在产品发出后，应及时做好销售结算工作、货款回笼工作。销售货款的结算与回笼一般由财务部门统一办理，但销售部门应该配合财务部门做好货款回笼工作。财务部门应按照不同销售方式和结算方法的规定通过银行与购货单位办理结算，并监督购货单位按时支付货款。对未能及时收回的货款，财务部门应与销售部门配合，主动与购货单位联系催收，避免造成长期拖欠，提高资金的利用效率，加速企业资金周转。

（四）在销售工作中做好信息反馈工作

企业的产品生产、销售必须以市场为导向，根据市场需求变化来调整企业的经营活动。企业在销售产品过程中，要了解市场情况，搜集各种信息，重视市场反馈，以使企业根据市场变化来调整计划中不合理之处，为提高本企业产品在市场上的竞争能力，保持和扩大市场份额，做好准备工作。

第二节　利润及利润分配的管理

一、利润的概念、构成与作用

（一）利润的概念

企业利润是指企业在一定会计期间的经营成果。在我国，利润多指企业利润总额。利润总额是指企业各项收入扣除相关成本、费用、税金、损失及其他支出后的净额，它集中反映了企业生产经营活动取得的财务成果。

（二）利润的构成

企业的利润总额由营业利润、投资净收益以及营业外收支净额三部分构成。

1. 营业利润

（1）营业利润。它是主营业务利润加上其他业务利润及扣除期间费用后的利润额，用计算公式表示为

营业利润 = 主营业务利润 + 其他业务利润 – 管理费用 – 财务费用 – 销售费用

（2）主营业务利润。它是企业生产经营过程中主营业务发生的销售收入减支出后的净额，用计算公式表示为

主营业务利润 = 产品销售净收入 – 产品销售成本 – 产品销售税金及附加

（3）产品销售净收入。它是产品销售收入扣除销售退回、销售折扣和销售折让后的净额。用计算公式表示为

产品销售净收入 = 产品销售收入 – 销售退回 – 销售折扣 – 销售折让

产品销售成本是指已售出产品的实际生产成本。

销售费用是指企业在销售产品过程中发生的应由企业负担的各项费用及销售机构的经营费用，包括运输费、装卸费、包装费、保险费、委托代销手续费、广告费、展览费、租赁费和销售业务费用。

产品销售税金及附加是指销售产品所缴纳的消费税、城市维护建设税、资源税以及教育费附加等。

其他业务利润是指企业除主营业务以外取得的收入减去发生的相关成本、费用以及相关税金及附加等支出后的净额。

管理费用是指企业行政部门为管理和组织经营活动发生的各项费用，包括公司经费（包括行政管理部门职工工资、修理费、物资消耗、低值易耗品摊销、办公费和差旅费）、工会经费、待业保险费、劳动保险费、董事会费、聘请中介机构费、咨询费、诉讼费、业务招待费、排污费、税金、土地使用费、技术转让费、技术开发费、坏账损失、存货盘亏、毁损和报废（减盘盈）以及其他管理费用。

财务费用是指企业为筹集生产经营所需资金而发生的费用，包括企业生产经营期间发生的利息净支出（减利息收入）、汇兑净损失及相关的手续费。

2. 投资净收益

投资净收益是指企业对外投资收益扣除对外投资损失后的净额，其中投资收益包括以下几个方面：以现金、实物、无形资产等进行投资分得的利润；以合作方式投资分得的利润；以购买股票、债券等形式投资分得的利息和红利收入；投资到期收回或中途转让取得款项高于账面价值的差额。投资损失包括对外投资到期收回或者中途转让取得款项低于账面价值的差额，以及按权益法核算的股权投资在被投资单位减少的净资产中所分摊的数额等。用计算公式表示为

投资净收益 = 对外投资收益 - 对外投资损失

3. 营业外收支净额

营业外收支净额为营业外收入扣除营业外支出后的净额。用计算公式表示为

营业外收支净额 = 营业外收入 - 营业外支出

营业外收入是指与企业生产经营活动无直接联系的各项收入，包括固定资产盘盈和出售净收益、罚款收入、援外费用收入、对外索赔收入及因债权人原因确实无法支付的应付款项、教育附加费返还款、物资及现金溢余等。

营业外支出是指企业发生的与企业经营无直接联系的各种支出，包括固定资产盘亏、处置固定资产损失、非季节性和非大修理期间的停工损失、罚款支出、援外费用支出、对外理赔支出、捐赠支出、职工子弟学校经费和技工学校经费、非常损失、违约金等。

综上所述，企业利润总额是企业在一定时期内综合经营活动的成果，是企业各项收入抵补各项支出后的余额，不仅反映了企业正常生产经营活动的成果，而且包括了企业其他经济活动的成果。

（三）利润的作用

企业在生产经营过程中，不但应尽可能多地扩大生产，而且应降低成本、促进销售、追求利润最大化。实现的利润越多，表明企业对社会的贡献越大，企业自身也会得到更快的发展，同时企业的职工也能得到更多的经济利益。

1. 利润是衡量企业经营业绩的一项综合性指标

在市场经济条件下，企业是独立核算、自主经营的经济实体，有权运用自己支配的资金，根据市场需要，有计划地组织生产，努力以较少的劳动耗费取得较大的生产经营成果。企业实现的利润在很大程度上反映了企业的经营管理水平。

2. 利润是国家财政收入的重要来源

国家财政收入主要来源于企业上缴的税金。企业利润通过国家税收形式形成国家财政收入。企业创造的利润越多，以税收形式形成的国家财政收入越多。

3. 利润是企业扩大再生产的有力保障

企业要不断地扩大再生产，必须积累一定数量的资金。国家投资、银行贷款、引进外资、发行股票、发行债券等都是筹集资金的重要手段，但更加重要的是要依靠自身发展来积累资金，而企业实现的利润是生产发展的资金保证。企业积极主动地改善经营管理，挖掘内部潜力，不断增加利润、积累资金、扩大再生产，生产经营才会进入一个良性循环过程，并能持续发展。

二、利润管理的要求

（一）树立正确的盈利观

企业要遵守国家的政策法规，合法进行生产经营，为社会提供合格的产品和劳务。要把企业利益与国家利益、短期利益和长远利益联系起来，通过各种渠道挖掘增收潜力，增加收入，保持生产和效益的同步增长。

（二）实行利润目标分管责任制，保证目标利润的实现

企业应以目标利润为核心，层层落实目标管理责任制。要把企业的总体目标利润分解到各个科室、车间、班组和个人，做到各部门的目标利润明确，把企业的整体利益与每个部门和职工的切身利益结合起来，进一步调动职工生产经营的积极性。

（三）严守财经纪律，正确进行利润分配

利润分配是政策性很强的工作，要严格地遵守国家有关财政法规。企业应该客观、如实地核算利润总额，不得瞒报或虚报。企业要对实现的利润依照有关财经法规合理分配，任何单位和个人无权对企业的合法利润进行干涉或变相侵吞。企业有权拒绝各种不合理的摊派，保护自身的合法权益。

三、利润的预测

利润预测是指对企业未来时期的利润情况预先进行的科学估计和推算。利润预测有利于保证企业目标利润的顺利实现。企业可以在预测利润的基础上编制利润计划、分解利润指标，采取行之有效的措施逐步完成利润计划。利润预测的内容包括营业利润的预测、投资净收益的预测、营业外收支的预测和利润总额的预测。

（一）营业利润的预测

营业利润是企业正常生产经营过程中取得的盈利。营业利润预测与企业营业收入、营业成本、期间费用和各种流转税及附加费的预测密切相关。营业利润占企业利润总额的比例较大，准确地预测营业利润是保证利润总额预测准确的关键。

1. 主营业务利润的预测

主营业务利润的预测一般可采用直接计算法进行。

直接计算法是指按照构成主营业务利润的项目分别计算每一产品的利润，然后汇总计算全部产品利润的方法。具体计算公式为

预计主营业务利润 = 预计主营业务收入 − 预计主营业务成本 − 预计主营业务税金及附加

在公式中，有关数据资料确定方法如下。

（1）预计主营业务收入可根据主营业务销售收入计划确定，或根据计划期各产品销售数量乘以相应预计销售单价确定。

（2）预计主营业务成本是指已实现销售产品的生产成本。如果计划期销售的产品全部都是当期生产的，那么产品预计生产成本就是产品计划销售成本。具体计算公式为

预计产品销售成本 =∑（某种产品预计销售数量 × 该产品预计单位生产成本）

在上式中，预计产品单位成本资料可以从成本计划中取得。

如果计划期销售的产品既包括期初结存产品，又包括计划期生产的产品，由于这两部分产品单位生产成本往往不同，因而预计产品销售成本就要采用加权平均法或先进先出法加以计算确定。

采用加权平均法时，其计算公式为

某种产品平均单位生产成本 =（期初结存量 × 期初结存产品单位成本 +
计划期产量 × 计划期生产产品单位成本）÷（期初结存量 + 计划期产量）
预计产品销售成本 =∑（各种产品预计销售数量 × 该产品平均单位成本）

采用先进先出法时，销售成本的具体计算公式为

预计产品销售成本 =∑（某产品期初结存制造成本 +
该产品计划期生产制造成本 − 该产品期末结存制造成本）
某产品单位销售成本 = 该产品预计销售成本 ÷ 该产品计划销售数量

在上述公式的使用过程中，期初结存产品生产成本一般可根据期初结存产品数量乘以

上年第四季度或全年平均单位生产成本计算，计划期产品生产成本根据成本计划确定，期末结存产品生产成本可以根据期末结存产品数量乘以计划年度第四季度或全年平均单位生产成本计算。

（3）预计主营业务税金及附加是指消费税、城市维护建设税及教育费附加等。

根据税法规定，企业应该不同产品分别计算，然后加以汇总确定金额。

预计主营业务税金及附加 $=\sum$（某产品预计销售收入 $\times$ 该产品税费率）

企业生产产品的税费率可以根据上年实际情况，结合计划期变动比率计算确定。

2. 其他业务利润的预测

其他业务利润的预测一般采用分析计算法，在上年其他业务利润的基础上，考虑计划期主要变动因素的影响综合计算确定。

3. 销售费用、管理费用和财务费用的预测

销售费用是指企业销售商品发生的费用，包括运输费、装卸费、包装费、保险费、展览费和广告费，以及自身销售机构的职工工资及福利费，类似工资性质的费用、业务费等经营费用。商品流通企业在购买商品过程中发生的运输费、装卸费、包装费、保险费、运输途中的合理损耗和入库前的挑选整理费等也属于销售费用。销售费用与企业销售额和商品流通企业的购进额直接相关，销售费用的预测应按计划期销售额及购进额与计划期销售费用率（在上期基础上调整确定）计算确定。

管理费用是指企业为组织和管理企业生产经营所发生的费用，包括企业董事会和行政管理部门在企业的经营管理中发生的，或者应由企业统一负担的公司经费（包括行政管理部门职工工资、修理费、物资消耗、低值易耗品摊销、办公费和差旅费等）、工会经费、待业保险费、劳动保险费、董事会费、聘请中介机构费、咨询费、诉讼费、业务招待费、房产税、车船使用税、土地使用税、印花税、技术转让费、矿产资源补偿费、无形资产摊销、职工教育经费、研究与开发费、排污费、存货盘亏或盘盈、计提的坏账准备和存货跌价准备等。管理费用的预测一般是在上年基础上调整确定。

财务费用是指企业为筹集生产经营所需资金而发生的费用，包括利息支出（减利息收入）、汇兑损失及相关的手续费等。企业财务费用与借款数额密切相关，财务费用的预测可根据借款计划来确定。如果企业在计划年度借款金额增减不变，可以上年财务费用为基础，考虑利率变动等因素加以调整确定。

（二）投资净收益的预测

投资净收益的预测是对企业投资收益和投资损失的预测。投资收益预测包括对企业债券投资、股票投资和其他投资所取得的利息、股利和利润等的预测，对企业投资到期收回或中途转让所收回的数额大于原投资账面价值的差额的预测，以及采用权益法核算的股权投资在受资单位增加的净资产中所拥有的数额的预测等。投资损失预测包括对企业对外投资到期收回或中途转让所收回的数额低于原投资账面价值的差额的预测，以及采用权益法

核算的股权投资在受资企业减少的净资产中所分担的数额的预测。企业对外投资都具有一定的风险性，所以在预测企业的投资收益时，要认真预测投资可能受到的损失。对于投资净收益的预测，企业可以根据具体投资种类和投资项目分别进行测算，最后汇总确定预测结果。

（三）营业外收支的预测

营业外收支的预测是指对企业营业外收入和营业外支出的预测。营业外收入虽然与企业的生产经营活动没有直接关系，但与企业经营活动有一定的联系，并直接影响利润总额，因此企业会计制度中对营业外的收支项目有明确的规定。营业外收入的预测包括对固定资产盘盈及处置的净收益、处置无形资产净收益、非货币性交易收益、罚款净收入等项目的预测。营业外支出的预测包括对固定资产盘亏、报废、毁损和出售净损失，以及出售无形资产损失、债务重组损失、计提固定资产减值准备、计提无形资产减值准备、计提在建工程减值准备、罚款支出、捐赠支出、非常损失等项目的预测。

营业外收支的一些项目的发生常带有一定的偶然性，因而往往难以做出准确的预测。

大部分项目可以根据上年的实际发生额，考虑计划年度的变化情况加以调整后作为预测数。

（四）利润总额的预测

利润总额的预测数是在营业利润、投资净收益、营业外收支净额预测的基础上汇总而成的，其计算公式为

$$预计利润总额 = 预计营业利润 + 预计投资净收益 + 预计营业外收支净额$$

四、利润分配管理

利润分配是指对企业利润总额进行分配。它包括两项主要内容：一是企业缴纳税收；二是税后利润分配。利润分配涉及国家、企业与投资者等各方面的利益关系，涉及企业长远利益与近期利益、整体利益与局部利益等关系的处理与协调，它是整个国民经济收入分配的一个重要组成部分。因此，利润分配管理是企业正确处理财务关系，并使财务管理得以顺利开展的关键。利润分配体现利益关系，必须协调各方利益，方可使财务活动顺利开展。

（一）利润分配的原则

遵循正确的利润分配原则是正确处理财务关系的重要方面。从我国利润分配的理论与实践看，坚持利润分配原则，有助于处理好企业与投资者、企业与职工、企业自身的发展等方面的利益关系。

1. 依法分配原则

企业利润要依法分配。国家有关法律法规对企业的利润分配做了总的规定，包括两个方面：一是要求企业依法缴纳所得税，履行纳税义务；二是要求税后利润要按规定的分配

程序和比例进行分配，如提取法定公积金、任意公积金等。这些法律法规主要包括《中华人民共和国公司法》和《企业财务通则》等。

2. 妥善处理分配与积累关系原则

企业利润在缴纳所得税后，其税后利润的权益属于投资者所有，因此，企业可以将其全部分配给股东或投资者，也可以留存一部分作为积累用于企业正常经营资金的补充，加入资金周转。要处理好企业内部积累和职工利益的关系，既要防止企业积累比例过大，而职工生活得不到改善，影响职工的积极性，也要防止对职工分配过多，而削弱了企业的积累能力。考虑到企业的长期发展，为增强企业的后劲，有必要将部分利润以留存的方式再投资于企业，以提高企业市场价值，满足投资者权益最大化的愿望。

另外，企业在利润分配时进行适当的积累，有利于以丰补歉，当企业出现亏损时，为维护企业信誉，可以用积累的公积金部分进行必要的分配，以保证企业股利分配的稳定性。

3. 同股同权、同股同利原则

企业在对投资者分红时，必须坚持同股同权、同股同利原则，在利益分配的天平上做到不偏不倚，不得以损害其他投资者利益为代价来提高部分投资者的收益，也不得"以权谋私"。利润分配方案要提交股东大会讨论并决议，要充分尊重中小股东的意见，利润分配做到"公平、公正、公开"，维护投资者的权益。

4. 提高防风险能力的原则

要提高企业的自我发展和承受风险的能力，优先考虑企业积累，同时兼顾投资者的利益。如果当年无利润或以前年度亏损未予弥补，原则上就不得分配利润。

（二）利润分配的程序

企业实现了利润总额，取得了生产经营成果后，首先应履行纳税人的义务，按照国家税收法律规定计算并缴纳所得税。从这个角度来看，利润分配应该是指税后净利润的分配，它主要包括法定分配和企业自主分配两部分。如何合理确定所有者的资产收益和未分配给所有者的企业留存收益，涉及正确处理投资者与企业之间的经济利益关系，以及正确处理投资者的近期利益与企业长远发展之间的关系。因此，建立适应社会主义市场经济的企业利润分配的激励机制与约束机制，并与企业筹资、投资决策相互协调，是实现企业财务管理目标的重要保证。

1. 企业亏损及亏损弥补的规定

企业亏损有两种：政策性亏损和经营性亏损。

政策性亏损，不是企业经营不善，而是由于国家采取某些政策所带来的亏损。这些企业可以经财政部门核定，采取定额补贴或亏损包干的办法弥补亏损。随着价格体制的改革，将逐步取消政策性亏损补贴。

经营性亏损，不是由于国家采取某些政策带来的亏损，而是由于企业经营不善或其他原因造成的亏损。经营性亏损原则上应由企业自行解决。在市场经济中，经营风险大，影响因素多，发生经营亏损是可能的。为了让亏损企业的生产经营活动能够持续下去，对其经营性亏损应予及时弥补。《企业财务通则》规定，企业发生的年度亏损，可以用下一年度的税前利润弥补；下一年度利润不足弥补的，可以在 5 年内用税前利润延续弥补。延续 5 年未弥补的亏损，用缴纳所得税后的净利润弥补。经营性亏损弥补的来源：所得税前的弥补来源包括税前利润和筹建期间的汇兑净收益等；所得税后的弥补来源包括税后净利润和法定盈余公积、任意盈余公积等。

2. 企业所得税后净利润的分配顺序

关于"被没收财物损失，违反税法规定而支付的滞纳金和罚款"，在会计上应列入"营业外支出"，在纳税时应予以调整，因此不必在税后利润中列支。我国境内的各类企业都应按照下列顺序分配利润。

（1）弥补企业以前年度的亏损（5 年以内的）。

（2）提取法定盈余公积。法定盈余公积按照税后净利润扣除前项后的 10% 提取，法定盈余公积累积已达到注册资本 50% 时可不再提取。

（3）提取任意盈余公积。任意盈余公积主要用于企业职工的集体福利设施。

（4）按投资协议、合同或者法律法规规定向投资者分配利润。企业以前年度未分配的利润，可以并入本年度向投资者分配。

利润分配必须严格按照上述顺序依次进行，凡是上项内容未分配完成的，不得进行下项内容的分配。

盈余公积可用于弥补亏损，也可用于转增资本金。但是用于转增资本金后，法定盈余公积一般不得低于注册资金的 25%。企业在向投资者分配利润前，经董事会决定，可以提取任意盈余公积金。

一般来说，不同所有制形式和不同经营方式的企业均应遵循上述企业税后净利润的分配顺序，但考虑到股份有限责任公司的税后净利润分配的特殊性，现行制度对此单独做了规定，规定股份有限责任公司在进行了上述前三项分配后，可按照下列顺序分配利润。

（1）支付优先股股利。

（2）提取任意盈余公积。任意盈余公积按照公司章程或股东会议决议提取和使用。

（3）支付普通股股利。

这一分配顺序的特点如下：① 明确任意盈余公积提取顺序，应在分配优先股股利之后，而在分配普通股股利之前；② 向投资者分配利润时，应先向优先股股东分配利润，然后再向普通股股东分配利润；③ 公司的税后净利润，在弥补亏损和提取法定盈余公积、任意盈余公积以前，不得分配股利。

在向普通股股东分配股利以前，提取任意盈余公积作为公司的留存收益，主要是出于经营管理上的需要，是为了控制向投资者分配利润的水平，以及调整各年利润分配的波动而采取的限制措施。

股份有限责任公司分配利润时应注意：公司当年无利润时，原则上不得分配股利，但公司为了维护股票信誉，在用盈余公积弥补亏损后，经股东会特别决议，可以按照不超过股票面值 6% 的比例用盈余公积分配股利。但分配股利后，企业法定盈余公积不得低于注册资金的 25%。对于企业当年可供分配的利润，经董事会决议，可以全部分配，也可以部分分配，剩下未分配部分作为企业的未分配利润，可以结转下年度再行分配。

第三节　股利分配政策及股权支付

股利政策是股份有限公司的管理者对公司的各项与股利有关的问题做出的原则性规定，是指如何将税后利润合理地分配给现有股东和增加企业内部积累——保留盈余的基本准则。股利是公司发给股东的投资报酬，是股东凭股票领取的投资收益。公司发行的股票一般有优先股与普通股。优先股股利是固定的，已在公司章程中做了明确规定，因此，股利政策仅指普通股股利的各项决策。股利政策的最终目标是使公司价值（或股票价格）最大化。

一、影响股利政策的主要因素

公司在一个会计年度内是否发放股利，我国法律没有明确规定。每个公司应该确定各自不同的股利政策。影响股利政策的主要因素包括公司内部因素与公司外部因素两个方面。

（一）公司内部因素

公司内部因素是指股份公司的各种内部因素及其面临的各种环境、机会等，包括资产的流动性、筹资能力、偿债能力、投资机会、股东投资目的等。

1. 资产的流动性

较多地支付现金股利，会减少公司现金的持有量，使资产的流动性降低。当然，如果公司资产的流动性较差，企业也不可能分配过多的利润。即如果公司现金充足，支付能力强，那么支付股利的能力也会比较强；反之，如果公司因扩充规模、购置设备、偿还债务等，现金余额较少，便不宜支付较高的现金股利。

2. 筹资能力

净利润在未分配之前，已经形成公司的内部资金来源。内部资金来源与公司对外发行股票或者债券筹资相比，可以节省筹资费用。因此，如果公司有较多的投资机会，便可将税后净利润的较高比例留在公司用于投资。这样不仅增加了公司的资本，降低了债权人的风险，而且按照国际惯例，股东还可获得纳税上的收益。因为，如果公司将净利润作为股利全部分配给股东，股东缴纳的股利所得的税率明显高于净利润留于公司引起股票价格上涨股东所得资本利得的税率。因此，一般而言，把税后利益用于再投资，有利于降低筹资的外显成本，包括再筹资费用和资本的实际支出成本。因此，很多公司在股份分红时，首先考虑将企业的税后利润作为筹资的第一选择渠道。

3. 偿债能力

公司的偿债能力包括短期偿债能力和长期偿债能力。短期偿债能力一般可用流动比率和速动比率衡量。如果公司的流动比率、速动比率适当，而且在生产经营活动中合理占用流动资产、速动资产，则资产的变现能力强，说明公司的短期偿债能力强。企业对外负债时，债权人为保护自身债权的安全性和收益性，要求企业在发放股利或投资分红时，要有所限制。长期偿债能力受公司盈利能力制约，如果公司盈利状况稳定或逐步增长，说明长期偿债能力强，公司便可维持较高的股利支付率；反之，公司盈利能力低、偿债能力弱，不宜维持较高的股利支付率。

4. 投资机会

如果在会计期末利润分配之前，有良好的投资机会时，公司便降低股利支付率，而将大部分净利润用于投资项目，只有这样，才有利于企业的长期发展，同时也能被广大的投资者所理解。

5. 股东投资目的

股东投资目的一般有两种类型：其一，稳定购销关系。大股东拥有公司股份比例较高，其投资目的是保持公司的控制能力，因为公司若采用增发股票的方式筹集资金，会降低其控制比例，从而限制较高的股利支付率。其二，收益。以股利收入作为固定收入的股东，不希望股利支付率较高，而希望股利支付率较低，多保留净利润使股票升值，得到资本利得收入，从而少缴纳个人所得税。因此，作为接受投资的企业，在进行投资分红时，必须事先了解投资者的投资目的，结合投资动机，选择其分配方案。

（二）公司外部因素

影响公司股利分配的外部因素很多，其中以债务契约限制和法律规定为主。

1. 债务契约限制

债务契约是指债权人为了防止企业过多发放股利，影响其偿债能力，增加债务风险，而以契约的形式限制企业现金股利的分配。当公司通过长期借款、债券、优先股、租赁合约等形式向外部筹资时，常应对方要求，接受一些约束公司派息行为的限制条款。例如，规定只有在流动比率和其他安全比率超过规定的最小值后，才可支付股利；规定每股股利的最高限额。优先股的契约通常也会申明在累积的优先股股息付清之前，公司不得派发普通股股息。这些契约的限制都将影响公司的股利政策。确立这些限制性条款，限制企业股利支付，其目的在于促使企业把利润的一部分按有关条款的要求进行再投资，以增强企业的经济实力，保证债款的如期偿还。

2. 法律规定

法律因素对股利政策的影响各国不尽相同，一般是结合本国的经济发展状况和公司状况制定限制条款。西方发达国家主要在以下几个方面予以法律限制：① 资本保全限制，即公司支付股利不得减少资本，或者说，公司有盈余才能支付股利。② 资本充实原则限制，它要求企业在投资并取得收益时，必须按一定的比例和基数提取各种公积金。③ 避免逃税限制，西方各国所得税法都注意到这一点，规定个人股利收入的所得税税率高于个人资本利得的所得税税率，因此，富有股东为逃税限制公司少支付股利，多保留净利润。国家为限制这种逃税行为，维护国家税收利益，对过高、过量保留净利润的公司，通过征收高税率的特别附加予以惩罚。

二、股利政策

股利政策主要包括定额股利政策、剩余股利政策、灵活股利政策和延迟发放股利政策。

（一）定额股利政策

定额股利政策是将每年股利的发放额固定在某一水平上，并在较长时期内保持不变。即使是宏观经济环境变化或公司出现意外影响收益，一般也能保持股利支付的稳定。其"固定"的含义并非永久固定不变，如果公司盈余稳定增长，也要适当调整股利支付额，"固定"是指在一定时期（几年）内保持不变。这一政策的主要优点如下：① 股利额稳定，有利于稳定股票价格，树立良好的公司形象，增强投资者的信心；② 有利于投资者合理安排收入和支出。其缺点如下：① 与税后净利润脱节，当公司有良好的投资机会时，仍要按期发放固定股利，增加了公司对外筹资的成本；② 当公司经营出现意外事件，严重影响公司盈利时，也必须按期发放固定股利，违背了股东利益与公司整体利益一致的原则。此外，这种股利政策不利于投资者了解企业的真实经营状况，有可能陷入投资"陷阱"。

（二）剩余股利政策

剩余股利政策就是公司在分配税后利润，确定股利支付率时，根据目标资本结构测算出必需的权益资本与既有权益资本的差额，首先考虑营利性投资项目的资金需要，将可供分配的税后利润先用于满足投资项目所需的权益性资金，若还有剩余，才能将剩余的税后利润用于发放股利；若没有剩余，就不发放股利。基本步骤如下。

（1）设定目标资本结构，即确定股权资本与债务资本的比例。综合资本成本应处于最低状态。

（2）确定目标资本结构下必需的权益资本与既有权益资本的差额。

（3）降低筹资的资金成本。

（4）对于剩余的税后利润，可结合现金支付能力考虑股利的派发。

（三）灵活股利政策

这是每年每股股利发放额随盈利的多少而变化的政策，具有较大的灵活性。这一政策股利支付比率，永远按股利与盈利的固定比率支付：盈利额增大，股利额增多；盈利额减小，股利额减少。这样使灵活性与稳定性较好地相结合，因而被许多企业所采用。

（四）延迟发放股利政策

延迟发放股利政策是指在很长一段时间不发放股利，或者首先将净利润用于公司投资，有剩余净利润时就发放股利，无剩余净利润时就不发放股利的政策。这一政策一般适用于发展中的企业，这类企业有很多良好的投资机会，利用公司内部资金，节约对外筹资的资金成本；增加公司资本后，提高股票价格，给股东带来资本收益。这一政策需要取得股东的理解和支持，否则会影响公司形象，使股东失去信心。

三、股利的类型与派发程序

（一）股利的类型

在大多数情况下，非股份制企业投资分红一般采用现金方式。但是股份公司股利形式有一定的特殊性，除现金股利外，还存在其他形式。现金股利实际上属于财产股利，因为使用广泛，单列一类。若公司将其拥有的其他公司的有价证券发给股东，也属于财产股利。负债股利是指公司以增加负债的形式发放股利。如发放给股东本公司发行的公司债，以公司债代替支付现金。根据我国的有关规定，股利的派发可采用现金股利和股票股利。

1. 现金股利

现金股利是公司以货币资金支付的股利。它是股份有限公司发放股利的一种最常见、最容易被投资者接受的形式。支付现金股利要求公司必须有足够的净利润和足够的现金，而且要考虑公司是否有良好的投资机会而需用现金，因此现金股利的发放必须纳入公司的现金预算，通过分析投资机会、筹资能力等各方面因素，确定适当的现金股利支付率，但这种形式增加了公司的支付压力。

2. 股票股利

股票股利是公司利用增发股票的方式代替现金按股东所持股份的比例分发股份作为股息。股票股利发放的结果是，公司资本（股本）增加了，相应地减少了公司净利润，因此，只是资产负债表中股东权益项目下由向普通股支付股利项目转移到股本项目。它对公司的资产、负债、股东权益总额并无影响。发放股票股利一般是按现有股东持有股份的比例进行分配；对于不足一股的股利，经股东会决议，仍以现金支付。这样，得到股票股利的股东，在公司权益中占有的份额并没有改变，只是股东持有的股票数比发放股票股利前增加了，因此也增加了市场上流通的股票数量。股票股利并不引起企业资产的增加，而只涉及股东权益内部结构的调整，即在减少公积金或公司盈利时，增加了公司的股本额。

（二）股利的派发程序

股份公司分配股利必须遵循法定的程序，一般是先由董事会提出分配预案，然后提交股东大会决议通过才能进行分配。由于股票可以自由买卖，因此，公司的股东经常变换，一定时期的股利应当由哪些股东享有，必须确定某些必要的日期界限。与股利派发相关的日期一般包括以下四个。

1. 宣布日

宣布日即股东大会决议通过并由公司董事会宣布发放股利的日期。决定发放股利之前，必须在召开董事会的当天颁发发放股利的说明书，说明股利宣布日、每股股利额、股权登记日、股利发放日等事项。在西方国家，股利通常是按季度发放。

2. 股权登记日

股权登记日即有权领取本期股利的股东资格登记截止日，只有在股权登记日这一天登记在册的股东才有资格领取本期股利。一般情况下，宣布日与股权登记日应相隔两周至一个月，只有在股权登记日之前列在公司股东名册上的股东，能够取得本次分派的股利；而在股权登记日之后才列入股东名册的股东，不能得到本次股利。因此，在股权登记日之后买卖的股票将因股利而影响股票价格。

3. 除息日

除息日即股票除去股利的日期。按照证券业的惯例，一般在股权登记日的前 4 日为除息日。自除息日起，公司的股票交易不含股利，称作无息交易，这种股票称作无息股。因为公司要确定本次股利的现有股东，而股票买卖的交易日与办理过户手续之间要相隔数日，因此，只能规定在股权登记日前进行的股票交易，其股东才被列入股权登记日的股东名册，从而领取本次股利。除息日的股票价格应略有降低，其差额就是股利额。

4. 股利发放日

股利发放日即将股利正式发放给股东的日期，也称作付息日。股利支付日与股权登记日一般相隔两至三周。在这一天，企业应将股利通过邮寄等方式支付给股东，计算机交易系统可以通过中央结算系统将股利直接打入股东资金账户，由股东向其证券代理商领取股利。

第八章 财务管理的具体应用

第一节 ERP 系统在企业财务管理中的应用

ERP 系统是先进的企业管理理念和现代信息技术高度融合的产物，其在企业财务管理中主要是围绕会计核算的相关数据进行分析、预测，从而帮助企业管理者进行科学决策和采取控制活动，方便企业在财务管理方面做出前瞻性的分析与预测。它具有数据即时化、高度集成化、操作管理职责权限化、风险管控系统化等特点。

一、ERP 系统在财务管理中的应用分析

（一）企业财务管理的具体运作

企业在运用 ERP 系统时，主要会涉及财务资金、预算和报表三个方面的内容。具体来说，ERP 系统的运用可以更及时、更便捷地记录企业资金使用情况，简化了资金的拨付和审批程序，直接运用管理模块记账，避免人为主观性的错误。就预算来说，ERP 系统主要根据部门的实际需求强化对成本费用的集中管理，系统中的预算管理模块会将年度预算情况及时地传递到企业各部门，监督预算的具体执行情况，起着预警作用。ERP 系统的运用将会起到简化报表程序、减轻员工工作量的作用。在系统中，企业管理层为报表分析的主要使用者，而下属员工为次要者，系统将会根据不同部门、不同岗位的具体情况设置相应的权限，在保障企业员工可以及时了解报表信息的同时，又避免了报表信息的泄露。财务管理主要是对会计核算的相关数据进行全面分析，为企业管理者决策、管理提供信息支撑。

（二）强化企业的信息化管理建设

目前，我国企业运用 ERP 系统在财务管理中的比例仅为 20% 左右，仍有大部分的企业停留在企业基础信息化或者是部门信息化方面。企业实施 ERP 系统的范围过小，未真正将其落实到企业发展的各方面。同时，企业需要正确认识管理信息化，管理信息化不仅可以帮助企业提高管理效率和水平，更是关系着企业业务、财务等多个重要方面，是企业发展的生命线。

（三）在企业内部控制方面的具体应用

在企业内部控制方面，企业对于 ERP 系统的运用将会提升企业在采购单、发料单、销售单、领料单等多个方面的掌控能力，加强企业业务处理与财务管理的紧密联系，真正实现企业材料、投入和数据的一体化。同时，流程的简化高效不仅有利于提高信息传递的及时性，还有利于提升财务管理的透明度，避免坏账损失、财务结算等问题的出现。ERP 系统的运用使得企业的财务监控更加全面深入，企业财务部门可以做到对各项开支的及时审核，严格规范了财务工作人员的行为，提升了会计凭证、财务信息的准确性和真实性。

（四）企业财务管理更加规范高效

在 ERP 系统下，企业的财务管理得到进一步的规范。例如，当 ERP 系统与企业财务管理无法有效融合时，那么企业可以通过 ERP 系统的辅助完成自身财务管理的重新调整。在 ERP 系统中，企业的财务信息孤立状态被打破，信息共享性增强，企业各部门都可以对本部门的资金具体使用情况进行监督，企业财务管理流程得到优化。同时，在 ERP 系统实施之后，为了使企业财务发展与 ERP 系统管理特征联系更加紧密，企业往往会促成其研发设计、生产销售、配送、售后等环节的一体化管理，形成系列的企业价值链条。

二、ERP 系统在财务管理实际应用中存在的问题分析

由于对 ERP 系统的认识不足及系统本身的局限性，在实施过程中也存在一些问题。

（一）企业实际情况与选择的 ERP 软件有偏差

企业在选择购买或开发 ERP 软件之前，没有结合企业自身的财务管理和业务流程特点去选择或改进适合的 ERP 软件，造成实际运用中出现问题，导致未充分发挥财务管理的作用。

（二）ERP 系统实施的过程中对员工的培训力度不够

公司的 ERP 部门操作人员缺乏对 ERP 系统的正确认识，忽视了 ERP 系统在企业财务管理中的重要作用，工作存在主观随意性。同时，即使公司部门 ERP 操作人员拥有丰富的系统管理知识，但因为缺乏科学的培训，员工的操作、实践能力较差，无法真正将 ERP 系统有效地运用到企业财务管理中。

（三）用户权限设置缺乏科学性

我国部分企业在进行人员权限分工时，未按照岗位不相容职责严格执行，因此，人员权限分工存在着不合理性，这大大增加了舞弊行为发生的可能性，导致发现错误不及时，企业面临更大的损失风险。

（四）财务人员对数据的监控有滞后性

ERP 系统的具体实施与企业各部门紧密相关，其有利于促进企业业务、财务一体化的

实现，同时，ERP 系统的有效实施增加了企业数据共享性，企业各部门沟通交流更为方便快捷。因此，一旦数据在录入的过程中出现错误，那么整个数据链都会受到影响，甚至影响具体部门的决策。而财务人员在对原始数据进行监控时存在滞后性，往往不能及时发现数据错误，这大大增加了企业发展风险。

三、完善 ERP 系统在财务管理中应用的相关建议

（一）选择适合企业的 ERP 系统

充分了解自身的发展特点，对自身进行准确的定位，是企业财务管理信息化成功的一个重要因素。因此，企业在选择 ERP 系统时，应充分结合自身的发展特点，以实际经营需要为重要基础，选择针对性、适用性和操作性强的 ERP 软件。同时，企业应保持与软件供应商的紧密联系，及时就 ERP 系统运行中的问题与供应商进行沟通，提高 ERP 系统的实施效果。

（二）加大对员工 ERP 环境下财务管理的培训

相对而言，ERP 系统的操作过程具有一定的复杂性，员工在进行具体操作时，仅仅只是对理论知识有所了解是无法正确发挥 ERP 系统效用的。因此，企业应加强对员工的培训，开展专家讲座、头脑风暴、线下实践等多种活动，并设置奖惩制度，提高员工参与实践的积极性，帮助员工积累实践经验。

（三）根据不同岗位合理设置权限

企业的很多部门都参与 ERP 的实施，通过对人力资源的合理配置，根据不同岗位的特点设置相关人员的操作权限，坚持岗位不相容原则，保证系统的正常使用。

（四）加强对原始数据的监控

企业的财务管理不仅需要保证数据的及时性，还需要确保数据的真实性、准确性。因此，在录入数据时，企业各部门要分工明确、相互配合，确保原始数据的及时录入。同时，企业要配备专业数据管理人员定期对数据录入情况进行跟踪。除此以外，企业可在开发 ERP 系统时纳入数据有效性、合法性检查模块，尽量将数据差错的可能性降至最低。

（五）改变观念，深化 ERP 系统在财务管理中的应用

企业管理决策层必须从思想上认识到 ERP 系统对企业管理的重要性，才能很好地在企业内部全面实施 ERP 系统。公司管理层及各部门的配合参与，可以为 ERP 系统用于财务分析、财务预测、财务预算提供强有力的支持。

（六）企业建立信息化的风险管理机制

企业要建立信息网络系统安全政策和制度，定期对系统安全政策与制度的实施效果进行跟踪评价，通过企业内部控制体系的建立，加强责任控制，强化信息化的风险意识。

ERP 系统中应特别加强对人的控制，明确各岗位的职责，对于一般业务部门录入的基础数据，在数据生成完毕后要及时传送到财务部门人员审核确认，业务部门无权限再进行修改。对 ERP 系统中的数据应该实时进行备份，对系统中的所有操作都要详细记录，能够查询到相关操作信息，将系统人为影响降低。

总之，企业发展进程中要提高市场竞争力，离不开高效、科学的财务管理工作，而 ERP 系统的应用能进一步促进企业财务管理的进步与发展。目前 ERP 系统在企业财务管理中的运用仍存在很多的问题，企业要想更好地运用 ERP 系统进行财务管理，就要采取行之有效的运行策略，切实提高企业经济效益。

第二节 计算机技术在企业财务管理中的应用

时代在变化，财务管理方式也在发生改变。计算机技术的进步和发展促进了财务管理在计算机方面的应用，提升了企业财务管理的工作效率，也减轻了财务工作人员的工作压力，因此针对计算机技术应用于财务管理方面的研究是十分必要的，也是十分重要的。

一、计算机财务管理技术使用过程中存在的问题

（一）财务管理软件与企业财务管理工作衔接不当

目前，各企业已经认识到将计算机财务管理技术应用到财务管理工作中的重要性，但是由于计算机财务软件本身的功能性与部分企业的实际财务工作内容并不适应，使得这些企业无法获得从计算机财务管理软件上提高工作效率的效果。在企业发展过程中，很多财务工作都是具备复杂计算情况的，而不同性质的企业财务管理工作也存在区别，这就造成了计算机财务管理软件中的功能不能与部分企业财务管理工作内容相适应的情况，影响了实际财务工作和计算机财务管理软件的衔接。

（二）企业财务工作人员使用计算机财务管理软件效率不高

计算机技术的投入使用使得企业部分老员工并不能立刻适应财务管理软件的操作，总是会出现各种问题，这也影响了企业计算机财务管理软件的使用。有些财务人员年龄较大，他们更熟悉传统的财务管理工作方式，因此造成了计算机财务管理软件使用效率不高情况的产生。

（三）财务管理软件的安全性能存在漏洞

计算机财务管理软件的使用使得财务工作流程变得简洁，但是在财务管理工作中还是会出现一些问题。当财务工作人员进行财务报表等审批工作时，由于传统的确认方式已经不再使用，这就造成了电子签章和电子确认等方式容易出现造假、篡改等问题。企业中针

对这种情况的预防手段十分简单，通常是利用设置密码或者上级授权的方式，但是这些方式已经不能完全保证财务管理系统的安全性，也不能确保财务工作流程中的有效性。

（四）财务管理软件的数据恢复系统技术薄弱

传统的财务管理工作中采取的是纸质存档方式，而计算机财务管理软件是直接将财务信息和档案存储在服务器中。一旦服务器崩溃或者发生故障就会造成内部信息的遗失，如果企业没有对数据信息进行备份，就很难重新获取遗失的信息，继而影响整体财务管理工作的进行。

二、高效利用计算机财务管理技术的对策

（一）加强对企业财务管理软件的开发力度

财务管理工作是企业所有运营环节中一个重要的工作环节，对企业的发展有着巨大的影响，因此必须加强企业财务管理水平。而计算机财务管理技术作为现代企业财务管理普遍使用的技术，更应该得到企业的重视，需要企业不断地加强对财务管理软件的开发，提升计算机技术应用水平。首先，在企业财务管理工作中，要不断地更新研发计算机技术软件，提高财务管理系统的先进性，要求企业的财务应用软件可以与企业的具体财务工作有效衔接，发挥出实际的财务管理作用。其次，要提高计算机财务管理软件的功能，在技术研发的过程中针对管理系统增加大数据技术的应用范围，使财务管理软件可以对企业的各项资金和资源进行全面的监管和控制。最后，要想实现计算机财务管理技术的发展，企业决不能闭门造车，应该多与其他企业进行技术交流，或者学习国外的先进技术，促进计算机财务软件的研发，提高本企业计算机管理软件的应用水平。

（二）对企业财务工作人员进行培训，提高其素质

计算机财务管理软件是需要财务人员进行操作和实施的，因此面对财务工作人员不能适应计算机财务管理软件使用的问题，企业需要及时采取措施。提高财务工作人员的计算机技术操作能力，全面提升工作人员的素质，是企业亟须开展的工作，这些可以通过企业培训来完成。让财务人员熟悉计算机财务管理软件的操作方法，感受到财务软件应用带来的便捷性，促进财务工作人员的工作积极性和工作热情。

（三）提高财务管理软件的安全性能

企业的财务资料属于企业内部的重要信息，涉及企业的秘密，所以要保护好企业财务数据。相比传统的财务管理工作，使用计算机财务管理软件会面临各种数据泄露的风险，因此要提高财务管理软件的安全性能。首先，企业需要针对财务管理工作制定一套完整的计算机使用制度，在企业财务工作过程中，要求所有财务工作人员严格按照使用流程进行财务工作，对电子签章和确认手段都要详细进行规定，还要增强对计算机用户权限的管理。其次，企业应该完善财务管理工作制度，对财务工作定期进行检测，及时对数据信息、财

务软件设备功能等方面进行检查，以防存在信息泄露的风险。

（四）提高财务管理软件的数据存储技术水平

计算机财务管理软件容易出现数据丢失且不易恢复的现象，针对这个问题，企业应该及时地寻找解决方法。目前，我国云存储技术发展速度较快，并且很多用户都采用了此项技术用来存储重要的资料，企业可以通过云存储或者相关的技术自建服务器，实现重要数据的存储，避免数据丢失的风险。

计算机财务管理技术应用于企业财务管理工作中是顺应时代发展趋势的，为了提升计算机技术在财务管理工作中的应用水平，企业应该不断地推进新技术的应用，完善计算机管理软件存在的不足，以便促进企业财务工作更加快捷、准确地实施。

第三节　项目成本控制中财务管理的应用

经济的快速发展带动了部分行业的繁荣，但是由于市场经济自身的缺陷性，也带来了严峻的挑战。由于高利润的吸引和低入行标准，大量投资者涌入同一个行业，导致企业的数量急剧增加，市场竞争也日益激烈。为了保证在激烈的市场竞争中脱颖而出，获得稳定的发展，企业需要投入大量的资金去维持日常的经营活动，这在很大程度上损害了企业自身的利益。在利润相同的情况下，企业只有实现对成本的管理和控制，降低成本开支，才能获取更大的收益。

一、项目成本控制中存在的问题

对于一个项目而言，项目成本主要是指完成整个项目工程需要消耗的所有费用的总和，因此也包括材料费用和人工费用等。项目成本控制则是指结合相应的成本目标，在保障项目质量和效率的前提下，采取相应的技术措施或手段，对项目实施过程中产生的所有费用进行计划、实施、调节等，以确保成本目标的有效实现。项目成本控制的特点包括全员性、过程性、实时性等，需要企业的充分重视。但是从目前来看，企业在对项目进行成本控制的过程中，存在着一些不足和问题，影响了成本控制的有效性。这些问题主要表现在以下四个方面。

（一）缺乏项目成本控制意识

项目成本控制是一项十分复杂的系统性工作，需要全体工作人员的共同参与。但是从当前的实际情况来看，许多参与项目的工作人员缺乏项目成本控制意识，忽视了全员参与对于成本控制的重要性，在项目的实施过程中，项目经理往往将目光放在项目的实施质量和执行效率方面，认为成本控制应该是财务部门的责任，与己无关；现场技术人员认为自身的任务是对工作中遇到的技术性难题进行解决，以保证项目技术的有效利用，保证项目质量；项目直接执行人员则更是只关注自身的工作，对于成本控制直接忽视。在这种情况下，虽然看似分工明确，但是实际上并没有将成本控制的目标进行细化和分解，缺少全员的共同参与，同时使得各环节的工作缺乏成本目标的约束，在实际工作中造成了很大的盲目性，很容易就会导致项目成本控制失效。

（二）缺乏完善的成本控制机制

一个合理完善的成本控制机制，是保证实现项目成本控制的基础和前提。但是从目前来看，许多企业并没有认识到这一点，或者即使建立了企业成本控制的相关制度，也仅仅局限于财务部门和审计部门，缺乏全局性和全面性，严重影响了成本控制工作的效果。成本控制机制的不完善主要体现在两个方面：其一，责任不到位。项目实施人员虽然各司其职，但是却并没有将成本控制的责任和细化目标进行有效落实，使得参与人员缺乏主动参与成本控制的意识，也没有足够的权利参与成本控制工作，影响了成本控制的真正落实。其二，缺乏激励机制。企业没有制定合理有效的激励机制，难以充分调动参与人员的成本控制积极性和主动性，使得成本控制工作难以真正落实，流于形式。

（三）成本控制的手段和方法陈旧

当前，项目的成本控制工作通常都是由财务部门负责，虽然制定了相应的成本控制制度，但是并没有取得良好的实施效果。造成这种情况的原因是成本控制的方法和手段相对落后，难以对项目进行过程中产生的大量数据信息进行有效收集和处理，财务管理人员无法及时准确地掌握项目成本的变化情况，成本控制工作也就失去了依据，更不用说采取有效措施降低成本。

（四）忽视项目质量成本的控制

质量成本是指为了保证项目的整体质量而支出的一切费用，以及由于未达到产品质量标准，无法满足用户需求而产生的一切损失，在项目成本控制中占据着相当重要的位置。但是大多数企业在进行项目成本控制工作时，往往会忽略质量成本，认为工程质量的提高必然伴随着成本的增加，严重影响了整个项目的经济效益。同时，也有一部分企业为了最大限度地节约成本，在项目执行过程中采用不合格的材料，形成"豆腐渣工程"，由于项目难以达到既定要求，同样需要额外支付质量成本，在增加成本支出的同时，也会影响企业的信誉和形象。

二、项目成本控制中的应用

财务管理在项目成本控制中的应用是非常重要的，不仅能够实现独立核算，建立起相对独立的绩效考评体系，对执行项目的成本控制开展全过程的绩效考评，通过有效的监督和制约，进一步提升项目成本控制的水平；还可以通过预算管理有效促进项目资金的使用与回收，提高资金的使用效益，减少资金浪费现象，从而实现项目成本的有效控制；更可以强化对于实施项目的资产管理，降低直接执行成本，促进项目经济效益的提升。因此，财务管理在项目成本控制中的作用应该得到企业的充分重视。在实际应用中，财务管理主要体现在以下几个方面。

（一）增加项目结算收入

对于企业而言，在项目的实施中，如果能够强化成本控制，确保成本费用不会发生明显的变化，通过增加项目结算收入的方式，就可以有效提升企业的经济效益。在财务管理中，应该从以下三个方面入手。

（1）强化资金收支制度化的执行力，在向项目执行队伍支付相应的合同款项时，应该确保手续齐全、资金结算准确，保证企业具备充足的流动资金。

（2）企业在取得相应的资金收入之后，应该对其进行科学的财务管理，将所执行的项目产生的资金的流入和流出数据继续全面分析和对比，在保证资金合理利用的同时，提高资金的使用效率。对于工程款项，如果没有特殊情况，应该及时进行结算。

（3）加强对于应收款项和应付款项等相关款项的控制，在财务管理中，保证项目存在明确的债权关系，保证权力和责任的有效落实，对账务信息进行管理和控制，避免出现资金的浪费现象。

（二）减少成本费用支出

通过财务管理实现项目的成本控制，可以在保证项目预期营业收入不变的情况下，对成本和费用的支出进行有效控制，以增加项目的整体收益。在实际操作中，财务管理人员应该做到以下三点。

（1）结合项目的实际情况制订相应的执行管理计划，并加强对工程项目的跟踪管理，对项目的资金进行合理安排，通过杠杆对资金进行调度，从而实现减少成本费用支出的目标。

（2）要做好工程项目成本开支的记录工作，保证所有的资金开支都具备良好的流程和齐全的手续，同时加强对于资金使用的审批和监督，避免出现随意调用资金的现象。

（3）制订完善的成本费用计划，对费用的使用情况进行全面监督，结合项目的实际执行情况，对计划的实施进行跟进和调整，将成本控制在预算范围之内。

（三）解决成本控制问题

针对项目成本控制中存在的问题，要结合企业实际情况，采取合理有效的措施对问题进行解决，确保项目成本控制的有效性和可靠性，在保证项目执行质量的同时，提升企业的经济效益。

总而言之，企业对于项目的成本控制是非常重要的，而财务管理则是企业项目管理的核心和关键，因此需要企业的充分重视，保证投资项目经济效益的有效实现。

第四节　税收筹划及其在企业财务管理中的应用

现代企业的财务管理工作相对比较复杂，主要是因为企业的经济活动的类型丰富，而企业的财务管理水平直接会影响企业的经营工作。在对纳税工作加以筹划时，财务人员应当对我国的税收相关的法律进行了解，在遵守税务相关的法律的基础上，选择更为合理的纳税方案，尽量缩减纳税金额，以便于可以将企业资金应用到更多的经济活动之中。筹划税收这项工作受到的影响也比较多，筹划人员要综合各方面的影响因素。

一、基本筹划原则

（一）全局性原则

财务人员在开展筹划工作时，需要对税务进行合理划分，同时还要明确税务成本在总体经营成本中的地位，以便于立足于全局，将税收筹划工作与其他成本管理工作加以联系。在筹划时，还需要对企业的实际经营状况以及未来发展状况进行参考，避免出现不符合财务实际的情况。在优化企业税收结构时，很多企业会优先选择跨期策略，在应用这种长期性的发展策略时，财务人员必须要先制定长期性的筹划目标，以此来确保企业在相当长的一段时期中都可以缩减税收成本，但是很多企业并没有对长远目标有过多的重视，反而去关注阶段性的收益目标，其筹划行为主要是对税收政策进行消极抵制，只能降低部分增值税。这种纳税行为会给企业的日常经营带来不利影响，甚至会改变企业的经营行为，虽然纳税数值降低，但是企业的总体收益却会受损。

（二）合法性原则

合法性原则是财务人员需要遵守的一种基础性原则，其筹划行为的底线就是遵守经济法律。政府的征税行为始终都是合理的，纳税也是现代企业需要尽到的一种义务，这种纳税活动是符合社会的经济运作规律的，因此企业也要承担纳税这种社会性责任。因此财务人员必须要熟知税务相关的法律，其筹划行为不能违背法律。当税务法律出现变动时，财务人员需要在第一时间了解税务法律的变动情况，改进筹划方案。如果财务人员选择通过钻法律的空子来进行逃税，所获取的收益也属于非法收益，导致整个企业都承担着极大的风险。

（三）成本收益原则

筹划的目的就是回收成本收益，因此筹划行为需要确保企业可以获得切实的成本收益。在开展筹划工作时，管理人员必须要投入一定的财力、物力及人力，因此其收益必须要尽可能地与投入持平。财务人员首先需要分析纳税政策，确定纳税策略，对策略加以应用，收集策略反馈信息以更好地获取收益。财务人员要对多种税种进行筹划，不能只关注一种税务，主要是因为不同类型的税种之间存在相互影响的关系。企业不仅需要比较不同类型的税务的税收负担，同时还需要将资金这一经济元素具有的时间价值进行考量，避免出现加重企业的税收负担的情况。

（四）决策性原则

在开展税收筹划工作时，财务人员还需要遵守决策性原则，坚持决策性原则，可以帮助财务人员将筹划税收工作具有的多种价值都发挥出来。

二、具体应用方法

（一）优化税务结构

当税务政策出现了变动之后，筹划人员需要适时地调整税务结构，根据企业的发展优势和特点来确定税务结构，在一定的情况下，还可以适时推动企业转型。

在对税务结构进行优化时，财务人员需要以企业已经申报的税收情况为依据，借助有效的免税政策、减税政策等，使企业拥有更为宽松的经营空间。在已经创设好的税务结构中，企业可以对多种类型的筹税方式进行选择，同时也可以筹税工作为根本，对经营方式加以改进，在经营基础上做出对企业更为有益的综合性决策。总之，财务人员要将税务结构的作用发挥出来。

（二）对企业的经营过程进行完善

在对基本税务结构进行优化时，需要始终坚持将税务结构与经营工作进行联系，将企业的经营活动作为筹划的基础。在选定筹划税收的策略时，需要对企业在一定阶段的发展规划有所了解，通过与其他部门的协调工作来减少税务筹划问题，与人事部门、营销部门以及物流部门等多个企业部门共同商讨优化税务结构的方案。

（三）合理规划纳税期限

在企业财务管理中应用税收筹划策略需要以有效延期纳税为关键。"时间就是金钱"这一定理并非只在生活中才能得到体现，同样是现代宏观经济学的核心关注点所在，延期纳税则属于税收跨期优化的关键步骤。这就要求我们从企业生命周期的视角来看税收筹划策略，将税收调整的动态性以及跨期性作为合理避税的重要方向之一，具体策略包括税收政策分析、政策调整预测、生产经营预期、财务资金有序调配等，在满足企业日常经营所需资金的情况下，调整企业不同经营周期内的最优避税策略。

本节主要对两个方面与税收筹划工作相关的财务管理工作内容进行了研究，列举了筹划人员应当遵守的几个基本筹划原则，财务人员的一切筹划行为都要建立在法律的基础上，切实地将企业的收益提高，同时财务人员应当对于筹划行为有正确的理解，避免自己的筹划方案之中出现不合法的减税和逃税行为，应用科学可行的方法缩减税收成本。不同的企业在筹划纳税方案时的情况也有所不同，财务人员要以企业的财务管理情况来对原有的纳税方案进行改进。

第五节　企业内部控制建设中财务管理的应用

现代企业的生产经营活动主要是围绕着资金增值、保值以及有序流通的目标有序开展。企业为了能够更好地使战略目标得以实现，采取了一些相应的内部控制措施保障资金使用的安全性和高效性。如何通过加强财务管理来完善企业内部控制建设，成为众多企业重点关注的内容之一。

一、加强企业财务管理与内部控制的意义

财务管理是企业在市场经济环境下所开展的一系列财务管理活动，具有目标双重性、内容决策化、活动体系化以及职能专业化的特点。企业内部控制建设的前提就是有效的财务管理，只有为内部控制提供真实、准确的财务数据，才能为其控制作用得以有效发挥提供保障，而财务管理能力在内部建设手段的适当干预下，也能够得到有效提升。企业财务管理方案、管理行为以及财务管理过程在企业内部控制的监督下，更利于尽快实现财务目标。企业财务管理和内部控制具有相互影响、相辅相成的作用，对企业经济效益最大化目标的实现具有积极的促进作用。

二、财务管理在企业内部控制建设中发挥的作用

（一）有助于实现内部控制目标，增加经济效益

企业内部控制制度可以为企业协调性的运营发展起到重要的保障作用，有利于企业提高自身竞争力。对于企业内部建设来说，财务管理则为企业经营决策提供了数据支持，只有真实准确的财务数据才能保证企业做出正确决策，合理利用企业现有资金，节约运营成本，并通过对市场动向的准确分析进一步降低企业经验风险。在激烈的竞争环境中，成本节约在很大程度上决定了企业的生存发展空间。同时通过借助财务管理，便于企业制定更加合理的长远目标，使企业经营计划更具可行性，使企业的经济优势能够通过内部业务流程的优化、管理效益的提升得以实现，提高员工的工作效率，使内部控制建设日趋完善。

（二）有助于企业治理结构得到优化，完善企业内部控制

财务管理对企业内部结构的协调与完善同样发挥着积极作用。当前，企业经营权和所有权相分离的现象普遍存在，企业借助财务管理就可以使所获得信息的真实性与完整性得到保证，帮助企业决策者正确认识到市场发展的最新动态，以此保证企业资源能够得到合

理高效的利用，对企业各利益相关方的良好合作也产生了直接影响。通过完善的内部控制制度，更利于减少企业因经营权与所有权相分离而导致的利益分歧，可以使这种失衡现象对企业管理和运营造成的不良影响得以减少。所以企业为了得到可持续发展，就需要对内部结构实施优化和治理，进一步完善内部控制制度，使利益分歧得以有效降低，不断提升企业内部管理效率，确立更加长远的发展目标。

（三）有利于保证资金支出的合理性

在企业建设内部制度的过程中，财务信息的真实完整对决策方向发挥了决定性作用，所以就需要保证财务管理人员具备较高的个人素质，认真对待财务管理工作。财务管理人员加强与相关采购人员、技术人员的沟通交流，最大限度地保证资金支出具备合理性。同时，通过借助内部控制制度，更利于减少企业贪污腐败、徇私舞弊的现象，保证会计信息的真实性，并通过制定相关的奖惩制度使资金使用的合理性得到保证。

三、优化财务管理，实现内部控制建设的增强

（一）进行统筹规划，建立财务管理目标机制

企业在开展财务管理工作的过程中，首要的战略重点就是增加企业经营收入。对企业发展过程所制定的战略性经营发展目标进行详细了解，并综合考量，完善企业财务管理制度，合理经营，加强对成本控制、利润分析以及资金占用情况分析，使企业资金得以充分利用，并达到效益最大化目标。与此同时，企业还要注重外部环境的影响，如相关的政策和法规以及行业市场态势，避免财务经营风险的出现。企业需要制定符合自身实际发展的财务目标，并在实际运行过程中从目标设置、内部控制体系建立、评价指标确定等方面不断进行优化，增强内部控制与企业发展的协调性。通过对成本收益的充分预估，使企业的财务管理及内部控制体系不断得到优化，使企业投资从内向型效益逐渐向规模型效益、长远型效益以及集约创汇型效益进行转变。企业在对财务管理及内部控制体系实施制定的过程中，需要以现代企业制度为基本原则，以不违反相关法律法规为前提，建立健全财务管理及企业内部控制的相关部门和制度，使企业自身的主导作用得以有效保证。

（二）加强企业内部的财务管理，完善监督体系

加强企业计划部门的财务管理，使企业制订发展规划的过程中，能够坚持以企业实际为基础，并依据企业发展期间对资金的实际需求情况制订资金使用方案，保证企业资金的合理利用，使有限的资金能够获取最大化的利益。因此企业应当加强对内部控制与财务管理建设的重视程度，不断优化财务控制体系。同时需要建立独立的监督部门对财务管理实施有效监督，保证财务工作公开透明。另外，企业在开展重大财务项目过程中，可通过采取公开集体审核决策的方式，鼓励员工参与到其中，加强监督力度，以便及时发现存在的问题，降低企业财务危机发生的概率。

（三）提高工作人员素质，建立精英团队

首先，对相关的工作人员进行培训，培训的内容、方式要科学设置，保证其专业素质提升的质量和速度，并鼓励财务人员积极参与职称评定，对取得较大成绩的员工给予鼓励。同时要引入市场经济时期的新理念和新技术，改变原有的思维模式。积极引入 ERP 系统等先进管理技术，实现内部控制过程的信息化，所以还需要重视计算机技术的学习，增强相关工作人员的操作能力，使财务人员在扎实掌握基础专业知识的同时，实际管理能力也得到相应提高。其次，相关财务管理人员也应当更新观念，主动更新相关法律知识，使企业对固定资产、无形资产、流动资产的管理控制水平得到有效加强。最后，还需要重视和加强财务控制人员的职业道德教育，使财务相关人员的道德观念和职业素养得到强化。在财务管理中，需要对财务相关人员的作风习惯实施严格控制，采取首问责任制，使工作职责得到落实；对工作中出现严重失误和作风问题的人员采取经济处罚，同时实行减分制度，对分数过低的工作人员给予免职处理。企业也可通过聘用高素质人才，打造精英化的内部控制团队。

（四）提高信息化技术利用度

随着信息技术水平的不断提高，现代电子计算机、信息以及数据处理技术为企业财务管理朝着信息化发展提供了技术支持，在财务管理工作中也发挥了重要作用。利用计算机对数据实时计算，在计算速度得到有效提升的同时，计算精度也远远高于人力计算。利用计算机自动纠错程序，可以为财务管理工作提供更加准确的资金运算结果。充分利用ERP、ERP Ⅱ 等信息化工具实施核算，能够更加精准、迅速地对复杂数据进行处理，减少了由人工操作带来的失误，也使操作时间缩短，使财务工作人员的工作量得以减少，有效节约了人力成本，从而将财务人员从繁杂的核算工作中解放出来，利用更多的精力强化财务管理和财务监督职能，促进财务管理水平的不断提升、各项工作的规范开展，为实现良好的内部控制提供保障。

随着企业间竞争不断加剧，企业也更容易面临经营风险，财务管理和内部控制是企业得以持续发展的保障，而财务管理又是企业内部控制建设的重要组成部分，不仅是企业运营核心，也是企业内部管理工作的支柱。通过财务管理可以使资金的使用更具合理性，不仅能够做到收支平衡，而且可以使经济效益得到提高。所以不断加强企业财务管理和内部控制建设，对企业的可持续发展具有重要意义。

第六节　会计信息化在企业内部财务管理中的应用

随着我国社会主义经济市场体制的逐渐完善，企业之间的竞争力度加大，在这种背景下，我们需要对现有的管理手段进行革新，与现代技术相结合，以适应现代社会的发展。

财务管理在企业内部的发展中占有重要的地位，我们应将信息技术与企业内部财务管理相结合，提高会计的信息化水平，提高财务管理的效率和质量，带动企业发展。

一、会计信息化的含义和特点

（一）会计信息化的含义

会计信息化主要是指随着信息技术的不断发展，在企业的经济发展过程中将会计行业与信息技术相结合，提高企业财务管理质量的有效手段。信息化社会对企业的财务信息管理也提出了新的战略要求，而会计信息化是当前企业内部经济发展的必然趋势，也是企业内部管理人员获得财务信息的重要途径之一。通过对企业内部财务管理信息化技术的加强，提升企业的经济实力，使其能够在激烈的市场竞争中取得一席之地。

（二）会计信息化的特点

会计信息化发展在企业的经济发展中占有重要的地位，其本身也具有一定的发展特点：会计信息化的发展具有一定的普遍性，这里的普遍性是指在会计行业中的普遍适用能力。只有在会计整体行业中实现会计信息化的普遍性，才能更好地实现企业财务的有效管理，促进企业发展。除此之外，会计信息化在数据采集和处理方面还具有一定的动态性。数据采集的动态性主要是指在企业内部的经营管理中不断更新的财务数据，无论是哪方面有了变动都会存入服务器进行处理，我们需要将企业内部有改变的数据立即进行更新，这样财务数据就具有了一定的实时性。

二、会计信息化对企业内部财务管理的影响

（一）促进了企业各部门的协调

会计信息化的发展对企业内部的财务管理有着重大的影响，通过信息技术中信息传递和处理的及时性，能够有效促进企业内部各部门业务的相互协调，从而实现会计业务的普遍性。在网络技术已经无孔不入的现代化社会中，在企业内部的财务管理和经营发展中，会计的信息化已经成为必不可少的一部分。它将企业内部的业务流程和财务信息结合到了一起，使两者之间相互协调。会计信息化在一定程度上提高了企业的管理质量水平，但是在进行应用的过程中，也使企业内部的控制重点有了相应的改变，内部控制重点的改变提升了企业的内部控制风险，从而对企业内部的财务风险管理产生了影响。

（二）对企业内部网络计算进行了提高

会计信息化对企业内部的财务管理的影响除表现在可以促进各部门业务之间的协调之外，还在整体水平上对企业内部的网络计算进行了提升。随着经济市场和科技市场的不断发展，我国也逐渐迈入了网络时代，网络技术在不断更新的过程中也对我们的生活和生产产生了重大的影响。在互联网技术中心，对企业内部财务进行信息化管理的重要功能之一

就是通过网络对数据进行计算，这也是在会计信息化的背景下，企业内部财务管理得到提升的前提。我们对企业内部的静态数据通过网络信息化技术进行了动态的分析，符合当下经济市场的发展需要，也对企业内部的经济发展有促进作用。

（三）实现企业内部对数据信息的集中化管理

企业内部对数据信息进行集中化管理是企业经营管理中一个非常重要的环节。在会计信息化的背景下，实现企业对数据信息全方位的管理服务，在互联网的基础上对数据信息进行统一的在线管理。通过科学的方法对各部门的财务信息进行收集，再进行合理的处理，能促进企业内部资金规划健康合理地发展。在目前会计信息化的环境下，大部分企业内部财务数据信息都将依靠网络来实现，在最大限度上实现了对企业财务的在线管理，但要注意管理人员的专业水平程度，要对其进行更专业化的培养。

三、会计信息化在企业内部财务管理中的发展应用

〔一〕对企业财务管理内部控制的完善

虽然我们可以通过科学合理的方法加强会计信息化对企业内部的财务管理，提升企业内部的经济水平，但也会引起企业内部控制进行相应的变化，因此，我们在提高企业内部会计信息化水平时，也要对企业内部控制进行完善，从而提升内部控制的作用。另外，我们也要强化企业财务风险意识和理念，树立起正确的风险观念，并对其进行准确的评估。

（二）对管理人员的意识进行提高

在会计信息化的背景下，想要提升企业财务管理水平的质量，企业的管理层人员需要有先进的财务管理理念，这是促进管理风格进行革新的先导。在企业的经营管理过程中，管理人员的观念和意识在一定程度上决定了企业的经济发展趋势，对企业未来的发展有着重要的影响。要对企业管理者进行一定的新思想和科技观念的教育，对相关的操作人员进行系统的培训，使他们充分意识到在企业的财务管理中，会计信息化的重要性。

（三）对员工的专业水平进行提升

在会计信息化的背景下，对企业的财务管理员工要求也逐渐有了提升。企业内部在聘用财务管理人员时要择优录取，不能因为人手不足而随机选择，要有专业的知识和相应的资格证书，从根本上提升企业财务管理工作的质量。在录取试用以后，要定期对人员进行专业知识的培训，提高员工的综合素质，进一步对企业财务管理中会计信息化发展进行加强。

（四）对企业财务管理内容进行拓展

"股东利益最大化"是企业传统的财务管理目标，一般企业的财务管理目标是和经济市场的发展保持一致的。在企业财务管理会计信息化不断发展的环境下，无形资产的积累显得越来越重要，这其中包含的人力、物力资源也越来越重要，在发展中不仅要注重股东

的经济利益，也要注重与利益主体有关的其他利益。

综上所述，随着我国经济市场的不断发展，会计信息化发展对企业内部的财务管理有重要的影响，对企业未来的发展也有积极的推动作用。这对我们企业内部的财务管理来说，不仅是挑战，也是机遇，所以我们应充分发挥会计信息化的作用，迎接挑战，推动企业内部财务管理更好地发展。

第七节　全面预算管理在提升企业财务管理中的应用

全面预算管理，是指对与企业存续相关的投资活动、经营活动和财务活动的未来情况进行预期并控制的管理行为及其控制安排，是涉及全方位、全过程和全员的一种整合性管理系统。全面预算管理具有全面控制和约束力，是一种集事前监管、事中监管和事后监管为一体的有效的现代企业控制手段。它不仅是一种管理制度和控制方略，更是一种管理理念。全面预算管理是根据企业发展战略制定的合理利润目标，不仅包括财务预算，还包括业务预算和资本预算。它必须真实地反映企业所有业务活动，并为业绩考评提供依据。所谓"全面"是指通过预算的确定、执行、监控、考核与评价，实现对企业经营活动的全面计划、组织、协调和控制。全面预算管理是一种管理机制，而不仅仅是一种方法，它一方面与市场机制相衔接，通过预算目标的确定反映市场对企业的要求；另一方面与企业内部管理、内部组织及其运行机制相衔接，通过责任中心的确定、预算指标的分解与落实、预算调整与执行考核，反映企业对市场要求的应变和措施，反映企业在市场竞争中的位置。以战略目标管理为导向，体现企业全方位要求的全面预算管理模式，打破了传统管理模式的约束和局限，构建了一整套全新的管理运行机制。全面预算管理作为一种管理机制，通过预算目标的分解、编制、汇总与审核、执行与调整、评价与考核，将对企业起到规划发展、协调行动、沟通认识、控制经营与激励业绩等方面的作用。预算的编制和管理表明在一定时期内公司管理层对所有部门、所有员工的期望和要求。全面预算管理的过程就是明确任务、发现问题、协调努力、不断改进的过程。因此，预算管理既不是财务部的特权，也不是财务部的专利，而是企业整个运营系统的总协调和配合，任何一个部门或环节上的松怠都将影响企业全面预算的执行，从而可能影响企业的发展。

一、全面预算管理在提升企业财务管理中的作用

（一）促进企业经营决策的科学化，提高企业综合盈利能力和管理水平

企业所拥有的资源都是有限的，对有限的资源在各种不同用途方面的配置预先做出合理的规划，把涉及企业目标利润的经济活动连接在一起，使影响目标利润实现的各因素都发挥出最大潜能，避免因出现"瓶颈"现象而影响企业的整体运营效率，是企业管理者所

必须考虑的。这就要求企业管理者在确定目标利润时，必须把握市场动向，着眼企业全局，科学地进行预测，选出一种最佳的预算方案，减少决策的盲目性，合理地挖掘现有资源潜力，更进一步地提高企业的综合盈利能力。

（二）明确企业经营目标，激发员工工作积极性

通过预算将企业的总体奋斗目标分解到各职能部、室并细化到每一位员工，这些目标就成为他们特定时期的具体工作目标。使全体员工（包括高层领导者）都明确自己在特定时间的工作、收入等各方面应达到的水平和努力的方向，了解把握本部门的经济活动与整个企业期望获得的利润之间的关系，促使职工想方设法从各自的角度为完成企业的目标利润而努力工作。

（三）使各部门的经济活动协调一致

全面预算的过程就是明确任务、发现问题、协调努力、不断改进的过程。随着企业规模的扩大，企业的组织机构也会变得庞大复杂，这些组织机构的业务内容都具有相对的独立性，它们必须协调一致，才能保证目标利润的实现。目标利润是管理过程中的一条主线，这条主线牵着企业的全部经营活动。通过企业预算，各部门、单位可经常对比、分析自身业务活动与各自奋斗目标的差距、与企业总体目标的差距，看到自己部门的活动与其他各部门之间的关系，并充分估计可能产生的障碍和阻力及薄弱环节等，以便区别轻重缓急，从而达到经济活动的协调一致。

二、全面预算管理应遵循的原则

（1）硬约束原则：企业凡是应列入预算的各项目都必须纳入预算控制范围内，预算一旦通过，任何人不得随意修改。

（2）事权结合、权责对等原则：规范预算编制部门与财务部门的职责分工，明确财务部门在预算过程中的角色是协调、组织、综合平衡和汇总预算。

（3）收支两条线原则：即各部门现金收入应回到财务部门，不得截留现金；各部门现金支出按照预算规定由财务部门划拨执行。

（4）精细原则：预算中重要项目应精细到季度甚至月度，尤其是现金收支预算和成本费用预算。

（5）先进合理原则：确保预算者标设置的合理性和可实现性。

（6）授权原则：在预算批准后的执行过程中，预算管理者应在建立分级审核机制的基础上，相应放权、授权，包括授予财务部门合理拒绝开支的权力。

（7）例外原则：在预算执行过程中，管理层主要对重大或非常规事项进行重点关注，一般性事务则纳入预算控制范围内。

三、加强全面预算管理与提升企业财务管理的对策

（一）全面预算管理对企业实现经营目标的方法

以目标利润为经营目标的全面预算管理模式是以出资者的目标收益为经营目标，根据市场预测倒挤出内部责任预算目标并形成详细预算的过程，其重点是通过苦练内功，充分挖潜以保证出资者收益目标的实现。它的理论依据是平均利润率理论，根据马克思的平均利润学说，等量资本获得等量利润。因此，投资者投资是要求获得的报酬可以量化。其计算公式为

$$投资者要求的报酬 = 总投资额 \times 平均利润率$$

其具体编制程序如下：① 由出资人根据预算编制方针及对企业的有关预测、决策分析确定目标利润，提出预定期间内企业各部门的具体目标；② 由经营部门以市场需求预测为基础编制销售预算；③ 以改善内部管理为基础编制成本费用预算；④ 预算管理部门汇总审计并协调各单位预算，形成最终的全面预算方案；⑤ 全面预算报董事会批准。

（二）做好预算编制工作

在预算编制过程中的沟通和协调，既是控制预算编制进度的一种可行的方式，也是预算管理人员理解各责任中心的实际需要和了解有关技术知识的有效途径。通过预算的沟通和协调，既体现了预算管理部门的服务意识，可以减少衙门式的官僚作风，又可以让各责任中心更准确和全面地理解预算部门的要求和目标，从而有可能编制出高质量的预算。加强预算编制过程中的沟通和协调，是预算顺利进行的有效条件。要求预算财务管理人员将有关的预算管理知识以浅显易懂的方式告诉工程技术等非财务人员，让他们明白与预算有关的知识。非财务人员也要主动去向技术人员了解有关的技术知识和内容。在预算编制过程中，预算编制大纲下发的同时可以开会进行沟通，让各责任中心的人理解大纲的要求；在各责任中心编制预算草案的过程中要主动沟通，以进一步理解大纲的要求，听取各责任中心的意见；预算调整要主动沟通调整预算的目的、目标和要求。采用合理的预算编制方法。企业全面预算编制应当采用自下而上、自上而下、上下结合的系统编制方法。企业管理者确定企业的总体目标与各个部门的分目标；各个部门以一级管理一级原则来制订预算方案，并呈报给各个车间；各个车间以本部门的预算方案为依据制订车间预算方案，并呈报给预算委员会；预算委员会对各个部门的预算方案进行审查，再与各个部门沟通，进行综合，进而确定总体的企业预算方案；将总体的企业预算方案反馈给各个部门征求意见，再经过自上而下、自下而上和上下综合的反复调整以最终形成预算，最后由企业决策层审批，形成企业全面预算管理方案，由各部门执行。

（三）明确预算管理内容

企业全面预算管理应当将成本费用与营业收入作为重点。成本费用预算是企业全面预

算管理的重点，在营业收入固定的情况下，严格控制成本费用是提高企业经济效益的关键因素之一。控制期间费用与制造成本也是企业全面预算管理的重要方面，能够对企业的管理水平进行很好的反馈。企业全面预算管理的中枢环节是营业收入预算，其在市场调研预测和预算期经营活动的计划口起着承上启下的作用。营业收入是否能够合理预算直接影响全面预算的可行性与合理性。企业在全面预算管理中的一切经营管理活动协调运行的保障是现金流量预算，其对全面预算管理起着至关重要的作用。企业全面预算管理应当重视资本性支出预算管理，应当以量力而行、量入为出为原则。

（四）建立科学的预算管理组织体系

多层级的预算管理组织体系具体包括股东大会、董事会及下属预算管理委员会和预算工作组，三者各司其职，共同完成全面预算管理工作。其中，股东大会是预算的审批机构；董事会及下属预算管理委员会是全面预算管理的决策机构，负责根据公司发展战略的要求，审批批准整个公司的预算方案，协调预算的编制、调整、执行、分析和考核；预算工作组是日常管理和决策执行组织。各责任中心则是具体预算的执行机构。子公司和参股公司分别设立独立的预算管理委员会，负责组织编制和审查批准本企业预算方案，并协调预算的调整、执行、分析和考核。在次一级的公司中设立预算管理部门，负责组织编制和审查批准本企业预算方案。依此类推，直至公司内所有层级的法人企业都设立相应的全面预算机构。

（五）构建信息化的全面预算管理

采用当前先进的计算机管理软件，实现财务系统与销售、供应、生产等系统的信息集成和数据共享。通过企业内部局域网或直接利用国际互联网及时、准确、流畅地管理信息资源，保障信息流在上下级之间、各部门之间、管理层、决策层等各层面上高效运转，提供决策依据，提高工作效率和水平。因此，高效的信息网络是企业集团加强预算控制的辅助手段，有利于预算执行的实时控制。企业资源计划 ERP 是一种融合众多最佳实践和先进信息技术的新型管理信息化方案，全面预算管理信息系统式 ERP 的一个子系统可以按照 ERP 的技术要求和开发过程，结合本企业全面预算管理模式的具体特点进行开发设计。目前市场上有众多的预算软件，企业可以结合实际进行选择。

（六）完善企业全面预算管理的激励与约束机制

激励问题在委托代理理论中居于核心地位，它既包括对代理人的激励，也包括对委托人的激励。在委托—代理契约中，如何按代理理论的分享原则确立最优的风险分担和成果分享规则，以促使委托人和代理人都能最大限度地为扩大经营成果而共同努力，是一个必须考虑的问题。我们认为，激励与约束问题是企业全面预算的核心问题。预算编制的目的就是为了解决好委托代理问题，也就是为了解决激励与约束问题。预算的刚性与柔性的把握度应以激励与约束为原则，坚持效率优先，兼顾公平。企业预算管理体系有着丰富的内容，具体包括组织体系、内容体系、编制程序和方法体系、调控体系、考评体系。我们发现，整个体系十分重要的部分就是考评体系。没有考评体系，预算就流于形式，预算也就是软约束的。考评是否合理，直接关系激励与约束效应的良好发挥。因而，在企业已经设计合理可行的预算管理体系的前提下，要想充分发挥预算对经营活动的预测和控制作用，发挥预算的刚性约束效果，最有效的方法就是加强考评体系建设，使考评客观、公正。只有这样，才能奖励先进、惩罚落后，进而提高企业效益。我国企业预算管理考评并没有充分发挥其考评与激励作用，主要问题有以下四种：① 预算执行的奖惩不够明确或预算约束不严，预算考评仅包括考核评价制度，没有奖惩制度。② 考评不能正常进行，造成预算管理的各阶段不能通畅进行。③ 预算编制存在着典型的逆向选择行为。④ 预算的执行过程中也往往存在隐藏行动的道德风险问题。针对这些问题，设计一套科学的考评激励机制是有效解决方法之一。科学的考评激励机制，应该以正确反映执行人努力程度为标准。考评的合理与否直接关系前面编制、执行、调控各阶段相关问题的解决，应该给予高度重视。财务业绩考评指标主要考虑：作业层主要考核指标是成本增减额和升降率；利润中心层的生产经营部门，一般采用贡献毛益、营业利润为主要评价指标；对于整个企业采用经济增加值、市场增加值等作为指标。常用的非财务业绩考评指标则包括产品废品率、返修率、顾客满意度、生产力、作业标准、创新能力、成长性等。提高预算考评质量是提高预算质量的重要环节。考核科学、奖惩公正、激励到位是实现预算目标的重要保证。因而，首先应确立"考核与奖惩是预算工作的生命线"的新理念，确保预算管理落到实处；其次，严格执行预算效果的反馈制度，及时进行差异分析，不断改进。只有这样，全面预算管理的激励与约束问题才能得到较好解决。

全面预算编制完成并批准下达，就意味着企业预算期内经营活动的方方面面有了明确的目标和方向。但预算毕竟是纸面上的东西，是一个标准、一种规矩。孟子有句名言是："不以规矩，不能成方圆。"编制全面预算为公司的各项经营活动制定了规矩，是否能达到预期的经营目标，关键在于公司是否能做好预算的执行与控制。各部门要严格控制预算，对于预算外的项目支出，应当由预算委员会审批决定。对于无预算、无合同、无凭证、无手续的项目支出，一律不予支付。各部门严格执行生产和成本费用预算，努力完成利润指标。对于全面预算执行中发生的新情况、新问题及出现偏差较大的项目，预算委员会要向有关预算执行单位查找原因，提出改进的措施和建议。

参考文献

[1] 赵丽．我国公益类事业单位财务管理问题研究 [D]．财政部财政科学研究所，2012.

[2] 刘永君．上市公司财务审计与内部控制审计整合研究 [D]．西南大学，2013.

[3] 廖菲菲．内部控制审计、整合审计对财务报表信息质量的影响 [D]．西南财经大学，2014.

[4] 邢萌．上市公司整合审计业务流程优化问题研究 [D]．杭州电子科技大学，2014.

[5] 张莉．财务报表与内部控制整合审计流程设计及应用 [D]．兰州理工大学，2014.

[6] 谢林平．论内部控制审计与财务报表审计整合的意义与流程 [J]．中国内部审计，2015（8）：90-93.

[7] 李哲．财务报表审计和内部控制审计的整合研究 [D]．云南大学，2015.

[8] 黄雅丹．我国上市公司财务报表审计与内部控制审计整合研究 [D]．吉林财经大学，2014.

[9] 罗娜．整合审计在我国会计师事务所的运用研究 [D]．西南财经大学，2013.

[10] 吴俊峰．风险导向内部审计基本问题研究 [D]．西南财经大学，2009.

[11] 任立周．我国事业单位财务管理现状及对策研究 [D]．山西财经大学，2011.

[12] 钟健．河北国华定州电厂（2×600 MW）工程基建管理信息系统（MIS）的设计与实现 [D]．四川大学，2014.

[13] 王巍．中国并购报告 2006[M]．北京：中国邮电出版社，2006.

[14] 侯禹辛．ZH 公司对 A 公司进行融资租赁的财务风险研究 [D]．天津商业大学，2015.

[15] 夏斌斌．价值链视角下融资租赁企业税务筹划研究 [D]．天津商业大学，2015.

[16] 武军．煤炭企业财务风险内部控制体系研究 [D]．天津大学，2011.

[17] 袁清和．基于作业的煤炭企业成本管理体系研究 [D]．山东科技大学，2011.

[18] 王明芳．我国电商企业信用管理体系的研究 [D]．南京林业大学，2015.